Charles Benoist

De l'Organisation du suffrage universel

essai

ISBN : 978-1534870291

10 9 8 7 6 5 4 3 2 1

Charles Benoist

De l'Organisation du suffrage universel

essai

Table de Matières

I. LA CRISE DE L'ÉTAT MODERNE

S'il est, — en cette ingrate matière de la politique où personne ne s'accorde sur rien, — un point sur lequel l'accord soit possible aujourd'hui et même assez près d'être fait, c'est que « tout va mal, » ou, comme disent les Espagnols, habitués depuis un siècle à des fins de régime, que « cela s'en va. » Les symptômes en sont très nombreux et frappants, si évidents qu'on se décide à les voir jusque dans les milieux où l'on serait le plus intéressé à s'y méprendre, où l'on aimerait le mieux ne les avoir jamais vus. Déjà les vieux parlementaires, qui n'en sont plus aux illusions, commencent à se frapper la poitrine et à s'accuser, en les regrettant, des fautes qu'eux-mêmes et les autres ont commises. À ces lamentations, discrètes encore, mais perceptibles pour qui prête l'oreille, le pays ne répond que par un grand silence. Le Parlement fait et défait, demande un gouvernement et empêche ou renverse tout gouvernement, affirme et nie, se précipite et s'enfuit, acclame et anathématise : la France en est absente, ou ne bouge pas ; et l'on ne sait ce qui des deux est le plus inquiétant, de ces convulsions du Parlement ou de cette atonie du pays.

Au fond, cette atonie et ces convulsions sont des marques du même phénomène et disent la lassitude de vivre, l'impossibilité de durer ainsi. Seulement, où l'accord cesse tout de suite, c'est sur les causes et sur les remèdes. De ce que « cela s'en va » on a donné mille raisons, mais, à notre avis, pas une bonne.

Quand on s'en prend aux personnes, on se trompe. Ce n'est pas la faute de tel ministre, puisque les cabinets se suivent, ne se ressemblent pas, et que, néanmoins, plus ils changent, plus « tout continue d'aller mal. » Ce n'est pas davantage la faute de tel Président, — s'il est permis de « découvrir l'exécutif » lorsqu'il s'est découvert lui-même, — puisque les Présidents passent, sentent le danger et n'y peuvent rien. Ce n'est pas la faute de telle institution prise à part, ni celle du Sénat, ni celle de la Chambre des députés ; du moins ce n'est pas directement leur faute, puisque, Sénat et Chambre, ils sont ce qu'ils peuvent être. Ce n'est pas notre faute, à nous citoyens, une faute personnelle à chacun de nous, car, après que nous avons voté de notre mieux, — c'est-à-dire contribué à choisir pour nous représenter le candidat le plus digne et le plus capable, — nous avons fait tout ce que nous pouvions faire. Ce n'est pas la faute de tel ou tel article de la Constitution, puisqu'on l'a déjà révisée et qu'on ne nous a pas guéris. Enfin, ce n'est pas la faute de celle Constitution dans son ensemble, d'une combinaison défectueuse des différents pouvoirs publics en France, du mauvais arrangement constitutionnel de février-juillet 1875, puisque ce trouble des fonctions de gouvernement ne s'arrête point aux frontières ; qu'il paraît être épidémique ; et que toute l'Europe en est travaillée, ou, si ce n'est toute l'Europe, assurément tout l'occident de l'Europe.

Les causes qu'on indique à l'ordinaire, et dont nous venons d'énumérer quelques-unes, sont donc ou trop locales pour ce mal général ou trop superficielles pour ce mal profond. Ceux-là seulement qui ne réfléchissent pas prennent pour des incidents d'un jour des faits d'une extrême gravité. Si ces faits ne sont pas tant des causes que des conséquences, la vraie cause, il faut la chercher plus avant, plus haut et plus loin. Il faut avoir sans cesse présent ce caractère européen et l'on peut dire quasi universel, quant à la civilisation politique, de la crise actuelle, qui ne se borne pas à être une crise de la République française, pas même une crise du parlementarisme, qui est — ni plus ni moins — une crise de l'Etat moderne. Sans doute, voici venir partout en Europe, à une échéance qui s'approche, la « faillite du parlementarisme » sous la forme où nous le connaissons ; et, cette fois, il n'y aura pas à épiloguer : ce sera bel et bien une « faillite », puisqu'il y avait bel et bien des engagements pris. Mais il y a plus, et c'est de ce point qu'il faut partir : *nous sommes en face d'une crise de l'Etat moderne* ; nous y sommes en proie. Nous sommes malades par lui, ou, pins exactement, il est malade en nous, — et nous en mourrons s'il reste ce que les hommes d'avant nous l'ont fait.

I. — NATURE ET STRUCTURE DE L'ÉTAT MODERNE

Qu'est-ce donc que l'État moderne ? Il se peut définir ainsi : en théorie, c'est *un État de droit* ; en fait, c'est un *État construit par en bas*. Mais la définition elle-même a besoin d'être définie, et, dans sa première partie surtout, appelle une explication, car cette expression « un État de droit » est susceptible de bien des acceptions différentes.

Un « État de droit » est, d'abord, un État où tout est réglé par la loi, où rien n'est laissé au hasard, à l'arbitraire ou au bon plaisir, — lequel n'est que le hasard passant à travers l'esprit d'un maître. C'est un État où, rien ne se faisant que par la loi, la loi s'occupe et décide de tout. On y restreint aux dernières limites, on pousse dans les derniers retranchements, on y coupe jusqu'aux racines la tradition, la coutume, tout ce qui n'est pas la loi écrite. Et la loi n'y est pas seulement, comme dans l'État plus ancien, un agent d'ordre et de conservation, mais un facteur de force, de mouvement et de transformation sociale. La loi, par suite, y devient toute-puissante, ou, du moins, elle y doit être, en principe, plus puissante que tout. Par suite aussi, la législation y est très abondante, et, par suite encore, l'organe législatif, la *législature*, y prend insensiblement une importance tout à fait hors de pair, une prépondérance absolue.

Mais, dans l'État moderne, le pouvoir législatif ne réside plus, ainsi qu'il résidait jadis, en la personne d'un chef, plus ou moins assisté de quelques conseillers : il réside ou il est censé résider dans le peuple, qui, suivant les cas, ici, l'exerce directement et, là, le délègue à des représentants élus. La loi n'est donc plus ce qu'elle était dans l'État plus ancien, l'œuvre d'un seul ou de quelques-uns, qui lui demeuraient comme extérieurs et supérieurs : elle est ou elle est censée être l'œuvre de tous, élaborée par tous ou par les représentants de tous. Dans l'État moderne, — qu'il soit royaume, empire ou république, — personne n'est plus en dehors ni au-dessus de la loi : le législateur lui-même, celui qui fait la loi, y est dans la loi et sous la loi. Personne n'y a de droits qui ne s'arrêtent au point où ils rencontrent les droits des autres ; de manière que tous ont ou soûl, censés avoir les mêmes droits et des droits égaux.

En somme, dans l'État de type antérieur, la loi ne s'étendait pas à tout ; il y restait une marge à l'arbitraire. Le plus souvent, dans l'État ancien, la loi n'était que la coutume fixée et consacrée ; elle ne créait rien, ni ne laissait rien perdre : elle conservait. Le pouvoir législatif n'était pas le premier ni le plus considérable de l'État : il n'existait d'ailleurs qu'en union étroite avec l'exécutif, dont il était inséparable. Le roi tout seul faisait la loi, et la loi ne liait point le roi.

Elle ne liait pas tout le monde également, exceptait l'un ou l'autre, ou ne les liait que dans la mesure où le voulait le roi. Dans l'État ancien, le roi était l'autorité centrale, l'autorité suprême, l'unique autorité : il était cet État lui-même. Et non seulement l'unique autorité, mais presque le droit unique. Son droit ne rencontrait jamais d'autres droits qui tinssent devant lui ; son pouvoir, étant le lieu d'unité de tous les pouvoirs, n'était pas limité en droit ; il n'était limité qu'en fait ; il valait tant que valaient ses moyens.

Au contraire, dans l'État moderne, même s'il est de forme ou de dénomination monarchique, le pouvoir est limité en droit : la loi est censée lier également tout le monde, et le roi comme le dernier des citoyens, qui, en réalité, sont bien moins ses sujets que les sujets de la loi. A plus forte raison, si c'est une démocratie : il n'y a de droits que les droits des citoyens, et l'État n'est ou ne devrait être que l'équilibre de ces droits. Voilà, au résumé, ce qu'est un État de droit et voilà ce qu'est l'État moderne ; voilà ce qu'il est en théorie. Pratiquement, c'est un État « qui se construit par en bas. »

Pour garder la figure classique, c'est une pyramide retournée. L'État ancien descendait du roi jusqu'au peuple. L'État moderne monte, au contraire, démocratique, du peuple à des représentants élus, et, monarchique, du peuple à un représentant héréditaire du peuple. Dans l'État ancien, le peuple était à la base, sans doute, mais comme une indistincte poussière d'humanité, et le roi était au sommet, loin de ceux qui étaient le plus près de lui. Dans l'État moderne, on peut dire que le peuple est à la base et qu'il est au sommet. Les grains de la poussière humaine se sont « individualisés » ; chacun d'eux est devenu un homme et en chacun d'eux s'est incarné un droit.

Le sommet n'est plus dans une gloire, la base n'est plus dans la nuit ; un demi-jour et comme une lumière discrète éclaire, si l'on ose emprunter l'antithèse poétique, éclaire obscurément toute la surface. L'État ancien pendait des profondeurs du ciel. L'État moderne pousse des profondeurs de la terre. L'État ancien, à tout instant, évoquait Dieu : à tout propos, l'État moderne invoque le peuple. L'État ancien reposait sur un seul et, au surplus, était fait pour un seul : l'état moderne est censé reposer sur tous et censé être fait pour tous. C'est bien la pyramide retournée. — Maintenant, peut-être ne suffisait-il pas, pour substituer l'État moderne à l'Etal ancien et l'État de droit à l'État de fait, pour « construire l'État par en bas, » de retourner purement et simplement la pyramide.

II. — LA THÉORIE DE LA SOUVERAINETÉ NATIONALE ET LE SUFFRAGE UNIVERSEL INORGANIQUE.

Les révolutions ne font guère autre chose, et qui dit « révolution » ne dit, après tout, que « renversement. » Celle dont naquit l'État moderne triompha d'avoir transporté du roi au peuple ce qu'on appelait « la souveraineté. » De « la souveraineté » on ne dépouilla le roi que pour en revêtir la nation. On ne voulait plus qu'il y eût une souveraineté royale, mais à sa place et sur ses ruines on proclamait « la souveraineté nationale. » Ainsi l'État moderne détruisait à la fois et reproduisait l'État ancien, sans même prendre garde que, dans l'État ancien, aucune erreur ni aucun doute n'était possible ; on savait toujours où, et plus précisément « en qui », était « la souveraineté. » Si la souveraineté n'en était pas moins quelque chose d'obscur et d'indéfini, le souverain était assurément quelqu'un de défini et de connu. Nulle hésitation, nulle incertitude sur « le siège » de la souveraineté. Elle résidait dans la personne royale, de tel roi Charles ou de tel roi Louis. — Mais pour l'État moderne ? où réside à présent la « souveraineté » et en qui ?

Dans la nation tout entière, formant un corps, considérée comme une et indivisible ? Cela, oui, c'est la théorie ; mais quand on passe à la pratique, la nation indivisible se divise, la nation une se fractionne, et la souveraineté nationale se partage, la souveraineté une s'émiette. Passant à la pratique, il faut toujours qu'on en arrive là : au partage, au morcellement de la souveraineté nationale, quelle que soit la forme que revête l'État, et qu'il soit royaume, empire ou république.

Oui, certes, c'est la théorie que la souveraineté nationale réside dans l'ensemble de la nation, mais en vertu, en « devenir » ; et c'est le fait qu'au moment même où elle « devient », où elle se traduit par un acte, elle est morcelée en autant de parcelles que l'État compte de citoyens. Royaume, empire ou république, le seul acte par lequel se traduise ordinairement la souveraineté nationale est, en effet, l'élection. La seule expression de l'a souveraineté est le suffrage. Si donc il y a dix millions d'électeurs, il y a dix millions d'atomes de souveraineté ; la souveraineté *indivisible* ne « se réalise » qu'en *se divisant.*

Et c'est là encore qu'il faut en venir, à quelque spéculation ou doctrine philosophique que l'on veuille rattacher la notion de la souveraineté nationale. La fonde-t-on sur « le droit naturel » et va-t-on chercher l'homme avant la société ? ou bien sur « le contrat social, » et va-t-on chercher l'homme avant l'État ? ou bien sur « la volonté générale, » et se contente-t-on de considérer l'homme dans l'État ? Cette métaphysique, politiquement, importe peu. Dans la pratique de l'état moderne, il faut en venir à ce que ce droit naturel s'exerce, s'il y en a un ; à ce que ce contrat social, s'il y en eut un, se prolonge ou se dénonce ; à ce que cette volonté générale se déclare, s'il y en a une. Or comme il n'y a qu'une seule expression de la souveraineté nationale, il n'y a aussi qu'un seul moyen d'exercer le droit naturel supposé, de ratifier le contrat social supposé, de déclarer la volonté générale supposée ; et c'est le vote, le suffrage. — Suffrage de tous, évidemment, puisque la souveraineté est de tous ; que tous, par hypothèse, ont des droits naturels ; que tous sont, par hypothèse, parties au contrat social ; que, par hypothèse, toutes les volontés particulières doivent concourir à la volonté générale. Suffrage omnipotent de dix millions de souverains égaux ; suffrage solitaire de dix millions de souverains dispersés.

C'est-à-dire qu'il faut en arriver, dans la pratique, à briser, broyer et éparpiller cette souveraineté. C'est-à-dire qu'entre le bloc et le corpuscule, entre la nation, théoriquement souveraine, et chaque citoyen, souverain, dans la pratique, de la seule souveraineté du bulletin de vote, rien ne s'interpose et ne peut s'interposer ; qu'il faut que la souveraineté nationale, lorsqu'elle cesse d'être une abstraction, aboutisse, dans les faits, au suffrage universel et au suffrage inorganique : une entité, dix millions de cellules séparées, point d'organes intermédiaires ; et qu'il faut que du suffrage inorganique, la nation, en un temps donné, sorte désorganisée, avec l'Idée pure à un bout, l'Individu à l'autre bout, et dans l'entre-deux, le vide.

C'est-à-dire qu'on n'est pas libre de choisir, de subir une telle condition ou de s'y soustraire, et qu'il faut, de nécessité, dès qu'on bâtit l'État moderne, si on le bâtit exclusivement sur le principe de la souveraineté nationale ou ses substructions, — le droit naturel, le contrat social, la volonté générale, — et sur la pratique du suffrage universel inorganique, s'attendre à ne jamais tirer d'une matière ainsi pulvérisée qu'un État disjoint et comme désarticulé.

III. — QUE LE SUFFRAGE UNIVERSEL INORGANIQUE CONDUIT A L'ANARCHIE UNIVERSELLE

Mais plutôt, cet État moderne, qui doit être « construit par en bas, » tient-il debout sur une base solide ? Est-il « construit » d'une façon quelconque, à un degré quelconque ? Tant bien que mal est-il « construit ? » On est obligé de répondre que non, qu'il ne tient pas debout, parce que le pied lui manque ; qu'il n'est construit ni bien ni mal, pas même mal, point du tout, mais qu'il se fait sans cesse et sans cesse se défait.

Bâtir l'État moderne, en théorie, sur la souveraineté nationale et, on pratique, sur les dix millions de petits carrés de papier du suffrage universel inorganique, est aussi absurde, aussi fou, que fou et absurde eût été le rêve des moines du Mont Saint-Michel, s'ils eussent voulu jeter dans le ciel les clochetons de leur abbaye, en posant les premières assises non sur le ferme roc, mais sur la plage mouvante de la baie, où le passant s'enlise. C'est tenir la même gageure, que de prétendre bâtir l'État sur le suffrage universel inorganique, qui est la souveraineté nationale réduite en un sable mouvant. C'est oublier que seul le vent qui souffle fait quelque chose avec le sable, l'enlève par paquets, l'emporte, le roule en de furieux tourbillons, le laisse retomber au hasard effréné de son caprice ; et voilà une dune, mais revenez demain : le vent contraire aura soufflé ; où l'un avait amoncelé, entassé, l'autre a creusé : où était une dune est maintenant une fosse. Et de la fosse à la dune et de la dune à la fosse, chaque jour, s'il n'y avait au monde que le sable et le vent, changerait la face de la terre.

Il n'en va pas autrement de l'État, si l'on n'y reconnaît que cet élément, l'individu, et que cette force, le suffrage universel inorganique. Alors, un grand courant, un grand vent de l'opinion pourra enlever les électeurs, les emporter, les rouler en ses tourbillons, les laisser retomber au même hasard aussi aveugle d'un même caprice aussi insensé, et, les entassant, les amoncelant, sembler avoir fait quelque chose ; mais ce ne sera jamais qu'une dune, dans laquelle, le lendemain, le vent contraire creusera, et ce ne sera qu'une fosse. Ni le vent ni le suffrage n'auront rien construit. Par les temps calmes, entre deux ouragans ou deux scrutins, les grains de sable et les grains de souveraineté demeureront inertes, dormiront le lourd sommeil de la matière, les uns tout près des autres, et les uns étrangers aux autres, maintenus inexorablement chacun en son désert, jusqu'à la prochaine tempête ou la prochaine élection, jusqu'à une nouvelle et toujours redoutable mobilisation des atomes.

Car, dans l'état comme dans la nature, l'atome qui reste atome est anarchique, et qu'est-ce qui peut bien être plus anarchique qu'un grain de sable, dans la nature, si ce n'est, dans l'État, un grain de « souveraineté ? » — Ah ! vous avez coupé tous les liens, ou à peu près tous, qui rattachaient l'Individu à qui ou à quoi que ce soit ; vous l'avez isolé de tous les autres et de tout le reste ; vous l'avez exalté, élevé à la dernière puissance ; vous avez mis en lui tous les pouvoirs quand déjà il avait toutes les convoitises ; vous n'avez pas voulu autour de lui la moindre résistance, ni le moindre contrepoids au-dessous de lui ! Après avoir « abstrait » la souveraineté, vous avez, en quelque manière, « abstrait » l'Individu lui-même ; puis vous l'avez lâché à travers la société, dans son égoïsme impatient, débridant d'un seul coup dix millions d'égoïsmes pareils et semant dix millions de germes d'anarchie ! Vous avez cru faire merveille parce que le nombre était imposant et qu'il n'y en avait pas moins de dix millions, tous égaux, tous rivaux et tous séparés !

Et, depuis cent ans ou depuis cinquante ans, nous poursuivons ce paradoxe, de vouloir construire, sur ces dix millions de grains de sable inconsistant, sans aucun appareil, sans aucun système qui les groupe et qui les cimente, la masse colossale et de plus en plus pesante de l'État moderne. Nous peinons à édifier, dans la confusion des esprits et des langues, notre moderne tour de Babel, ayant d'abord eu soin d'enfermer en ses fondations dix millions de chances de désagrégation. Quelle chimère ! Faire de la durée avec de l'instabilité et de l'ordre avec du désordre ! faire du continu avec du déréglé et du définitif avec du fugitif ! Gomme si, pour planter en terre un monument qui brave les âges, il suffisait d'accrocher des atomes et d'additionner des molécules ! ou comme si, pour créer et entretenir le plus haut et le plus complexe des organismes, c'était assez que de juxtaposer et d'additionner des cellules !

Il se peut que, de ce paradoxe et de cette chimère, la théorie se soit accommodée : tant qu'elle n'est que la théorie, on en prend à l'aise avec elle ; mais de froides et positives réalités viennent après, qui font justice. Le trouble qui agite l'État moderne, la crise dont il souffre, nous en savons à cette heure la vraie cause : c'est que les dures réalités sont venues ; c'est que la suite logique s'est déroulée ; c'est que de la « souveraineté nationale » a procédé naturellement le suffrage universel inorganique, et que du suffrage universel inorganique procède naturellement une universelle anarchie. — Le mal de l'État moderne, il ne servirait à rien de chercher des périphrases, c'est l'anarchie, dans la paix de la rue : une anarchie sourde, lente, partout diffuse en lui et qui lui est comme congénitale ; pas toujours agissante, mais toujours menaçante ; et elle a dix millions de germes, les dix millions d'individus entre qui, par le suffrage inorganique, est fractionnée la « souveraineté. » Ayons le courage de conclure en toute franchise : le grand mal et le grand danger, c'est la « souveraineté nationale » moléculaire, c'est le suffrage universel inorganique, qui ne peut être que le suffrage universel anarchique.

IV. — LE SUFFRAGE UNIVERSEL INORGANIQUE, SES PROCÉDÉS ET SES PRODUITS

Et comment le suffrage universel inorganique ne serait-il pas le suffrage universel anarchique ? Pour qu'il ne le fût point, il faudrait que l'homme ne fût point l'homme, que tout électeur fût un saint, — et un saint très intelligent. Il faudrait que chaque homme pris à part et la majorité des hommes eussent le sens inné de la justice et du devoir, le dévouement instinctif, l'esprit de sacrifice volontaire, cette « vertu » que, paraît-il, exigent les démocraties et que les hommes, sous la démocratie comme sous d'autres formes de gouvernement, ou n'ont jamais eue ou n'ont plus. Il faudrait que chaque homme pris à part et la majorité des hommes eussent de l'intérêt commun une claire connaissance et un vif amour, qu'ils n'ont pas. Car combien d'entre eux sont capables de discerner et de préférer non pas l'intérêt général, ni seulement un intérêt quelque peu général, mais même leur véritable intérêt particulier ? Il faudrait, en un mot, que l'homme fût un animal beaucoup plus « politique » qu'il n'est, — quoi qu'en dise Aristote, — si toutefois Aristote a voulu dire, par « politique » autre chose qu'animal « sociable » ou « vivant en cité. » Car combien d'hommes sont capables, on ne dit pas de gouverner un État, mais de se gouverner eux-mêmes ?

Voilà cependant un régime où le nombre, faisant tout, peut tout. Il procède mécaniquement de la plus rudimentaire des opérations arithmétiques. Dans ce régime, fondé sur le suffrage universel inorganique, il n'y a que le nombre au total ; les unités viennent d'où elles peuvent, se rapprochent et se rangent comme elles peuvent. Elles n'ont pas de case marquée d'avance où elles doivent tomber. Le suffrage universel inorganique, en son addition grossière, brouille et confond les diverses colonnes. Le nombre n'a que sa valeur de nombre, et la valeur de l'homme n'y figure pas même comme coefficient. L'homme n'y compte que comme individu et ne compte pas comme élément social.

Dans ce régime, ceux qui ne prennent pas toute la place n'ont pas leur place ; ceux qui ne sont pas tout n'y sont rien ; ceux qui ne s'ajoutent pas à l'addition sont éliminés par soustraction. Le champ est ouvert aux audacieux, aux « malins, » aux cyniques, aux inconscients ; eux seuls ne se découragent, ne s'absentent et ne « abstiennent jamais. Ambitieux de grande et de moyenne marque intriguent et bataillent, achètent et vendent, marchandent et maquignonnent, font impudemment leur métier de *condottieri* de la politique. Ils circonviennent l'électeur dérouté, l'étourdissent du vin vulgaire de leurs flatteries et de leurs promesses, l'enrôlent, l'arment d'un bulletin et le lancent à la conquête du nombre. De temps en temps, la vie normale de la nation est suspendue, sa vraie vie de sang et de chair : par le suffrage inorganique, elle devient inorganique pour un jour et, pour un jour, est supprimé ce qui en elle pose l'individu et le fixe quelque part, ce qui le qualifie, ce par quoi il est socialement « situé » en un certain endroit, dans une certaine condition, près de tels autres individus. C'est une lutte de chacun contre fous et de tous contre chacun ; lutte acharnée, impitoyable ; ténébreuse mêlée au bout de laquelle le plus écrase le moins, avec la stupide et muette brutalité des chiffres.

On ne saurait imaginer d'État plus anarchique, puisqu'il n'y a que le hasard, ni plus barbare, puisqu'il n'y a que le nombre. Du moins, il le serait absolument, il serait pleinement anarchique et barbare, un tel État, un État où les citoyens, ivres dans leur souveraineté, se ruent à leur fantaisie, sans que le moindre appui les retienne et les soutienne, où il n'y a plus ni cadres ni digues, où le suffrage universel coule comme un fleuve débordé, — si le hasard ne corrigeait pas le hasard, ou plutôt si l'astuce n'enchaînait pas le caprice et ne conduisait pas la sottise.

Parce que devant la loi, dans le suffrage, il n'y a plus de classes, ce n'est pas en effet une raison pour que, dans le suffrage, en marge de la loi, il n'y ait plus ni dirigeants, ni dirigés, ni dirigeables. En ce fleuve sorti de son lit, un habile homme peut faire des prises d'eau pour arroser son pré. Ou, revenant à notre première image, dans cette danse d'atomes, il est impossible qu'il n'y en ait pas qu'attire et que s'attache le métal aimanté. Ainsi s'explique la boutade fameuse de l'Américain Hamilton, en réponse à la phrase de Montesquieu sur la « vertu », que « la corruption est nécessaire dans les démocraties. » La corruption est à la fois le corollaire et le correctif du suffrage universel inorganique qui, ne voulant plus de distinctions ni de séparations même, tombe aux mains des plus effrontés et qui ne cesse d'être anarchique qu'en cessant d'être universel.

Mais lequel vaut le mieux, de la maladie ou du remède ? Le système électoral est détestable qui ne mène qu'ici ou là. Le système électoral est mal conçu et pèche par excès d'optimisme, qui ne prévoit pas ces deux espèces : les aventuriers et les imbéciles. Il met les uns à la merci des autres, et les honnêtes gens, les gens éclairés, à la merci et des uns et des autres. Le système électoral est mal conçu qui s'en rapporte à la fortune, aux destinées. *Fata viam invenient* ! comme si ce n'était pas la tâche de l'homme d'État de diminuer la part de la fortune dans les affaires de ce monde, et comme si, d'ailleurs, il ne se trouvait pas toujours quelqu'un pour détourner et pour suborner la fortune ! Le système électoral est mal conçu qui chasse les intérêts hors de leurs groupements naturels, et coalise les appétits en groupements artificiels. Par lui, par ce système électoral, le suffrage universel inorganique étant l'unique force motrice de l'État, et qui le tient tenant l'État, quoi d'étonnant si on le capte et s'il se fonde des syndicats, des sociétés pour l'exploitation de cette force ? s'il ne manque pas, dans ce genre de travaux publics, soit de manœuvres au rabais soit d'entrepreneurs à la surenchère ?

Un beau matin, quelqu'un s'avise que le renouvellement de la Chambre des députés se fera dans six mois. Le député de l'arrondissement est « usé » ; il a cessé de plaire : ou bien il appartient à l'opposition, et alors c'est un devoir de le combattre ; ou bien il a prouvé qu'il n'avait pas assez de crédit en ce haut lieu d'où pleuvent bénéfices et faveurs, et alors, c'est un besoin de le remplacer. Il suffit. Ce quelqu'un, qui n'est pas même quelqu'un, qui est quelconque, qui est le premier venu doué de beaucoup de vanité et d'un peu d'entregent, va trouver un second quelqu'un, non moins quelconque, qui s'en va trouver un troisième. Dès qu'ils sont trois, X, Y, Z, un « comité » est constitué : président, vice-président et secrétaire-trésorier. Le comité provoque une réunion « générale » où chacun de ses membres a soin de n'amener que les moins douteux de ses amis. Il leur expose ce qu'il a fait, les consulte sur ce qu'il doit faire. Ce qu'il a fait est ratifié par acclamation ; quant à ce qu'il doit faire, carte blanche. Avant cette réunion « générale », il était modeste et ne s'intitulait que comité provisoire ; après, il est établi, assis, patenté ; il a pignon ou étalage sur rue, et se tient en permanence, comme le Comité de salut public. Il est reconnu par la préfecture : un candidat ne passera peut-être pas sûrement grâce à lui ; il passera difficilement sans lui. Un candidat ? Mais le comité se réserve de désigner le candidat. X, Y, Z confèrent tous les soirs ; c'est de chez l'un chez l'autre un va-et-vient mystérieux : ils cherchent un homme. La ville et la banlieue attendent… Enfin, ils prononcent. Nouvelle réunion « générale. » Le nom du candidat choisi est mis aux voix, à mains levées : des mains se lèvent. L'homme de X, Y, Z reçoit la consécration solennelle de deux cents petits Z, Y, X. Il est désormais candidat, *leur* candidat, *le* candidat. Qui l'a investi ? La réunion « générale » du… Qui l'a proposé à cette réunion ? Le comité. Qui en avait chargé le comité ? Une première réunion. Qui avait convoqué cette première réunion ? Le comité. Qui avait investi le comité ? Personne. Mais personne non plus ne conteste les titres ni de la réunion, ni du comité, ni du candidat, il est le champion déclaré, privilégié, envoyé en possession de monopole, breveté avec garantie des « républicains progressistes » de l'arrondissement. — Et qui est-ce, les républicains progressistes de… ? — Vous le savez bien : « On » et « Chose » et puis X, Y, Z.

Mais qui est-ce, lui, le candidat ? Un avocat, ancien bâtonnier de l'ordre (ils sont quelquefois jusqu'à cinq inscrits au tableau) ou quelque officier de santé, promu docteur par la politesse française, comme Charles Bovary par M. Homais, ou, sans métaphore, à cause des campagnes, un vétérinaire. Si la circonscription est urbaine, le médecin prodigue ses secours au commerce local « que ruine la concurrence parisienne » : si elle est rurale, l'avocat se sent pris d'une passion violente pour les comices agricoles. Banquets par souscription et toasts. C'est l'heure de rédiger le programme. Le comité s'enferme et, pied à pied, en discute les termes.

La libre pensée locale a des exigences : elle veut, dix ans après que la loi est votée et rigoureusement appliquée (n'est-ce pas la plus appliquée de toutes nos justes lois ?) que le candidat inscrive en ses revendications l'instruction gratuite, laïque et obligatoire, ou, puisque, somme toute, c'est une affaire faite, que l'on en jure le maintien. Elle éprouve son homme, l'homme de X, Y, Z, à cette pierre de touche : jure-t-il de maintenir les lois scolaires et militaires… ces lois qui,… ces lois que… ces lois intangibles ? Car cette libre pensée pense peu et pas du tout librement. Il y a des chances pour que X, Y, Z, s'ils sont « républicains progressistes » en province, dans une ville de quinze à vingt mille âmes, soient en même temps francs-maçons et dignitaires d'une loge. Ce n'est pas qu'il faille pour cela exagérer la profondeur ni la noirceur de leurs desseins ; mais de piquer trois points sous leur signature, de frapper trois coups sur leur coude, aux reconnaissances, de porter à leur nœud de cravate une truelle croisée avec une équerre d'argent, cela leur donne de la surface, du plomb et de l'aplomb, et cela leur permet, tout en distribuant des soupes aux pauvres, de distribuer des sièges à leurs compagnons.

Soumis par les inquisiteurs du cru à la question préalable, le candidat accepte tout ce qu'on lui impose ; le moyen de ne pas accepter ? Ce qui s'offre à lui et ce qu'il perdrait en se dégageant, c'est le seul groupement qui subsiste ; groupement artificiel d'amours-propres et de cupidités, mais un groupement ; la seule organisation tolérée dans le suffrage universel inorganique : organisation illégale ou extra-légale, mais une organisation ; la seule force demeurée debout, la seule échappée à la perte des forces, à la mort des vies collectives, ou la seule ressuscitée ; force usurpée, trompeuse, oppressive, mais une force. En face d'elle et contre elle, rien : le verbe lui-même, ce levier des démocraties, sans elle, n'a plus de mordant ni d'effet : rien que l'argent qui puisse se passer d'elle, et encore serait-il plus prudent de transiger. Dans le suffrage universel inorganique, rien donc que les comités et l'argent. Il n'y a, pour le candidat, qu'un moyen de se soustraire aux comités, c'est de s'en fier à l'argent : il n'y a pour lui qu'un moyen de ne point prêter hommage au comité, de ne point recevoir en fief sa circonscription, — c'est de l'acheter. Le suffrage universel inorganique s'organise et s'actionne par ces deux seules forces : les comités et l'argent. Mais par les comités, il cesse d'être universel et, par l'argent, il cesse d'être un suffrage.

Qu'il le doive à l'argent ou aux comités ou aux deux forces combinées, l'avocat, le médecin, le vétérinaire est élu. Son nom sort triomphant des urnes, que nous supposons inviolées. Il a une majorité décisive : d'où lui vient-elle ? De toutes les voix qu'il a réunies, combien lui ont été données pour lui-même, à raison de ce qu'il est ou de ce qu'il n'est pas ? De tous ses partisans, combien en connaît-il et combien le connaissent ? De tous les intérêts qui se confient à lui, combien sont identiques ou seulement analogues aux siens ?

Quand on « représente » quelqu'un ou quelque chose, on devrait être comme une image de ce quelqu'un ou de ce quelque chose. Mais ce député, s'il va officiellement représenter à la Chambre l'arrondissement de…, qui *réellement* « représente-t-il » et quoi ? Des affaires et des besoins de ceux qu'on le dit « représenter » que sait-il, si on le pousse un peu ? Ce qu'on lui en écrit de là-bas. Et qui lui en écrit ? Son comité. Comme il faut qu'il parle pour se faire entendre, on lui fabrique, vaille que vaille, un dossier : avocat, il se plaint, en phrases touchantes, de la mévente du colza ; médecin, il déplore amèrement la « maigreur » de la betterave, — sans en souffrir, sans en convaincre et peut-être sans être convaincu, — avocat, parce que tout se plaide, et médecin, parce que tout se traite. On ne sent point, sous ces discours, l'intérêt vivant, directement atteint, directement en jeu : par ces discours, ce n'est point le pays vivant qui se manifeste, c'est un pays factice, plaqué sur l'autre qu'il étouffe ; un faux pays politiquant, représenté alors que le vrai ne l'est pas, et recrutant ses dignes « représentants », qui ne « représentent » que lui, en trois ou quatre métiers, dont c'est la spécialité de fournir des rhéteurs à tous les partis : avocats, médecins d'hommes ou de bêtes, professeurs, journalistes ou, plus vaguement mais plus noblement, publicistes.

Si les députés que nous avons, pour la plupart politiciens de carrière, nous représentaient *réellement*, c'est que nous serions — ce qui ne s'est jamais vu — toute une nation de journalistes, de professeurs, de médecins et d'avocats. Et si nous ne sommes pas cette nation, il y a dans la Chambre trop d'avocats, de médecins, de professeurs, de journalistes ; il y en a sans proportion aucune avec la place mesurée qu'ils occupent dans le pays, et ils ne nous représentent pas ; ils ne représentent que des politiciens comme eux. Le suffrage universel inorganique aboutit encore à ce résultat : il sophistique la nation, fausse le régime représentatif, inaugure le règne des politiciens.

Agent général à Paris des politiciens de son endroit, mandataire ou commissionnaire de X, Y, Z, coupé de toute communication personnelle et intime avec les électeurs qui l'ont nommé ou qui ont fait le simulacre de le nommer, le député ne représente, au faire et au prendre, que lui-même et son comité, son comité plus que lui-même. Et en quoi le représente-t-il ? Il chasse pour lui aux croix du Mérite agricole, aux palmes académiques, aux médailles, aux vases de Sèvres, et, quand il fait peur ou quand il a peur, à des subventions, à des allocations plus nutritives. Quel jour donnent audience les ministres et reçoivent les directeurs, c'est ce qu'il lui faut d'abord savoir. Il passe ses matinées en fiacre, ses après-midi à la Chambre. Il y expédie sa correspondance, y reçoit ses visites, déambule dans les couloirs et fait des apparitions en séance. Un huissier crie : « On vote, messieurs ! » Comment vote-t-on ? Blanc ou bleu ? Aux chefs du groupe d'en disposer. Et qui a fait de ceux-là les chefs du groupe ? Evidemment les membres de ce groupe. Mais comment s'est formé le groupe ?

Des députés venus de tous les coins de la France se sont associés sur une idée, le plus souvent très confuse et sous une étiquette, le plus souvent très élastique. Ils se sont classés, catalogués, comptés politiquement et économiquement. Les groupes ne sont point des partis, mais comme des bureaux, des syndicats de parti. Le groupe est un peu dans la Chambre ce qu'est le comité par rapport au suffrage universel inorganique. C'est la seule collectivité, la seule organisation, la seule force qui vive et agisse. Comme le comité le groupe est artificiel, et comme le comité il ne représente rien qui ne soit factice et de pure convention, ni un intérêt vivant, ni le pays vivant.

Néanmoins, il faut être d'un groupe. Le député ne peut pas plus s'affranchir du groupe que le candidat du comité. Voici l'alternative : en être ou ne pas être ; en être, ne fût-ce que du groupe des indépendants, des sauvages, de ceux qui ne sont pas d'un groupe. Comme tout, dans l'État, tient au nombre, le groupe pèse et peut en proportion du nombre, et chaque député pèse et peut en proportion de ce qu'ils sont de membres à son groupe. S'ils sont cinquante, il est multiplié cinquante fois par lui-même, j'entends pour ce qui est sa besogne journalière : de décrocher des vases de Sèvres, des palmes académiques, des croix du Mérite agricole. Il ne représente rien, qu'un comité qui ne représente rien ; mais devant les ministres, dans la bascule parlementaire, il représente son groupe, et ici, par un miracle de l'arithmétique, zéro multiplié cinquante fois donne cinquante. Non seulement, plus le groupe est nombreux, plus le député devient redoutable et cher aux ministres, mais plus il est en passe et en posture de devenir ministre à son tour. Un homme de génie, hors du groupe, ne le serait pas ; un Richelieu, un Colbert ne le seraient pas, ne représentant l'un que Richelieu, l'autre que Colbert ; mais, sans génie, dans le groupe et avec le groupe, on peut l'être, et ce monsieur l'a bien été, par la valeur de cinquante non-va leurs.

Ainsi se forge et se rive toute une chaîne de dépendances : le ministre dépend des chefs de groupes, qui dépendent des députés, qui dépendent des comités, qui confisquent le suffrage dit universel, et ainsi, au bout de la chaîne, au dernier anneau, partout et toujours le pouvoir traîne le boulet du nombre. De là l'humiliante médiocrité, l'affligeante stérilité de la politique actuelle, et elle ne peut pas, sous ce régime, ne pas être médiocre et stérile. Sous ce régime, le *Moyen de parvenir* ne remplit pas un gros traité. On y « parvient » au choix ou à l'ancienneté. Pour l'ancienneté, il suffit, avant de vouloir être député, d'avoir été conseiller municipal, conseiller d'arrondissement et puis conseiller général. Pour le choix, il faut ne porter ombrage à personne et subir les conditions de X, Y, Z. Tout ce qui dépasse est écarté ou abattu du coup, sauf de très rares exceptions et, comme l'on dit, elles confirment la règle.

A ce choix fait presque au rebours et à cet avancement presque bureaucratique on obtient une représentation qui ne « représente ». en aucun sens du mot français « représenter » ; qui ne « représente » rien et ne fait point figure ; qui, nulle au point de vue représentatif, est nulle encore ou fort insuffisante au point de vue législatif ; en qui, par une de ces rares exceptions, par surprise, il peut s'être glissé quelque talent, plus souple ou moins vite rebuté, niais où le talent lui-même est obligé, pour avoir prise sur la flottante et molle médiocrité qui l'enveloppe, de recourir à tous les sophismes, à tous les truismes, de s'excuser en quelque sorte et de se rabaisser.

Comme, dans cet État, le nombre est le maître ou comme on lui fait croire qu'il l'est, c'est au nombre qu'il faut plaire et, pour lui plaire, c'est à lui qu'il faut ressembler. Sorti du nombre et fait à son image et ressemblance, l'État actuel ne peut pas ne pas avoir les lares et les défauts du nombre. Ainsi que le suffrage universel inorganique, qui tombe aux mains des comités, l'État actuel tombe aux mains des groupes, lesquels ne sont que des coteries parlementaires et peu à peu, dans le vrai pays, dans le pays vivant, — comme autrefois, par le suffrage restreint, émergeait seul le *pays légal* des deux cent mille électeurs censitaires, — par le suffrage universel inorganique émerge seul un faux pays de comités et de groupes ; seulement celui-ci n'est que le *pays illégal* des politiciens de toute taille et de tout acabit.

Au bref, en rassemblant les traits, ou le suffrage universel inorganique est anarchique, ou il n'est plus universel. Ou il est séquestré, accaparé par des meneurs, ou il est exposé aux tentations de l'argent. Etant corruptible, il est corrupteur. Il livre le pays à trois ou quatre catégories ou professions politiquantes. Il ne donne jamais qu'une représentation adultérée ; une législation impulsive et incohérente ; un gouvernement précaire et contraint à de mesquines négociations de couloirs ; un État incertain, chancelant, à toute heure sur le point d'être bouleversé. Il est également incapable de fonder une démocratie et de ne pas fonder une démagogie. Après quelques expériences ou répétitions, aucun suffrage n'est moins universel que lui ; nul, moins que lui, n'est un libre suffrage. Il a un côté tragique et un côté comique : quand il n'est pas un danger formidable, il est une risible mystification et il peut être tout ensemble, il lui arrive d'être tout ensemble, mystification et danger.

Mais, si c'est là l'État actuel, ce n'est pas l'État moderne le meilleur qu'il soit permis de concevoir et possible de constituer. Il est entendu que cet État doit être « construit par en bas », mais encore faut-il qu'il soit construit, et d'une autre main-d'œuvre qu'un baraquement provisoire, perpétuellement sous le coup d'être rasé au niveau du sol. Il est entendu que la base de l'État moderne doit être très large, mais il faut qu'elle ne soit qu'une base et non tout l'édifice, à elle seule. Il est entendu que, dans cet État, tout le pays doit être représenté, mais il faut que tout le vrai pays vivant y soit vraiment représenté ; que la loi y doit être faite pour le peuple, mais il faut qu'elle soit faite pour tout le peuple par des législateurs vraiment législateurs. Il est entendu que l'État moderne doit reposer sur le suffrage universel, mais il faut que ce suffrage soit vraiment un suffrage vraiment universel et ne soit plus ni ce danger qu'il est, ni cette mystification. Et puisqu'un pareil suffrage, ordonné et sérieux, n'est pas le suffrage universel inorganique, que ce ne saurait être lui, ce sera, il faut que ce soit le suffrage universel organisé.

V. — QUE LE SUFFRAGE UNIVERSEL RESTE LA BASE NÉCESSAIRE DE L'ÉTAT MODERN'E, MAIS QU'IL PEUT ÊTRE ORGANISÉ

C'est à ce mal que l'État moderne est en proie : le suffrage universel inorganique, le suffrage universel anarchique, le suffrage universel mis en coupe réglée ; donnant, comme produits, une représentation nulle, une législation pleine de heurts et d'à-coups, un gouvernement qui ne peut plus gouverner ; étouffant le vrai pays qui vit, au profit d'un pays illégal de politiciens, qui ne vit pas.

C'est cela, la crise de l'État moderne ; c'est en face d'elle que nous sommes ; et elle nous met en face de ce problème : Etant donné que l'État moderne est et restera un État de droit, qu'il restera construit par en bas, sur le suffrage universel, comment le guérir de son mal ? comment faire que le suffrage universel ne soit pas anarchique, soit sincère, donne une représentation qui « représente » dans tous les sens du mot, une législation sage, suivie, composée, harmonique, un gouvernement qui gouverne ? comment faire que le vrai pays vivant ne soit plus sacrifié au faux pays politiquant ?

La solution de ce problème ? Une seule. La fin de cette crise ? Une seule. Le remède à ce mal ? Un seul : organiser le suffrage universel ; substituer au suffrage universel inorganique le suffrage universel organisé. Non point supprimer le suffrage universel, n'y point toucher, n'enlever à qui que ce soit, son vote, ne conférer à qui que ce soit plus d'un vote ; n'ôter à personne sa place, ne donner à personne plus de place, assurer à chacun et à tout le monde une place. Non point détruire l'État moderne ni le refaire sur d'autres bases, l'achever. Issu d'une convulsion, d'une Révolution, en un jour ou en une nuit, sans cesse secoué, ébranlé depuis lors, il a gardé quelque chose d'improvisé, de campé là, de pas fini ; de toutes parts il est entouré d'échafaudages et de pierres d'attente ; ne pas démolir ce qui est fait, construire dessus. Ne rejeter comme de mauvaise qualité quoi que ce soit des matériaux, tout utiliser, mais tout appareiller et tout joindre.

Même dans le suffrage universel inorganique, n'a-t-on pas vu naître, se développer et grandir, comme un organisme spontané ou comme une organisation spontanée, le comité électoral ? Ce comité, ne l'a-t-on pas vu devenir et demeurer à peu près la seule force au milieu du nombre ? Ne l'a-t-on pas vu s'en emparer, l'enrégimenter, le commander ? ce qui est détestable, mais seulement parce que le comité, dans le suffrage universel inorganique, pousse sans règle, sans contrôle, n'est pas investi, s'investit et n'est pas accrédité, s'arroge ; seulement parce qu'il n'est qu'une organisation illégale ou extra-légale, contre la loi ou en marge de la loi. Ce qui est détestable, c'est ce que le comité introduit d'illégal dans le suffrage universel ; ce n'est pas ce qu'il y introduit d'organisé. Au contraire, l'exemple du comité, seule force agissante dans le suffrage universel inorganique, démontre à l'évidence la nécessité d'organiser le suffrage en une organisation légale, pour l'arrachera une organisation illégale.

Le pouvons-nous ? Si nous le voulons. Ni le principe ni les éléments n'en sont difficiles à trouver. Rien ne vivant vraiment que d'organique, afin d'avoir le suffrage universel organisé, faisons de par la loi une place et fixons sa place dans le suffrage à tout ce qui est vivant dans le pays.

VI. — LA THÉORIE DE LA VIE NATIONALE ET LE SUFFRAGE UNIVERSEL ORGANISÉ

Organiser le suffrage universel, fixer dans le suffrage universel sa place à tout ce qui vit dans la nation, c'est sans doute abjurer la doctrine, renoncer à la théorie de la souveraineté nationale. Car, on le répète, le suffrage universel inorganique lui est lié indissolublement : l'un correspond à l'autre et l'un découle de l'autre. Mais, en l'abandonnant, il n'y a pas à la regretter, elle, ni les notions qui lui font cortège : le droit naturel, le contrat social, la volonté générale. — De droits naturels, il n'y en a point, mais seulement des faits naturels ; ou, si l'on veut qu'il y en ait, il n'y a de droits naturels que ceux qui procèdent de faits naturels. Aller, venir, penser, parler sont des faits naturels, par conséquent peuvent être à la rigueur regardés comme des droits naturels. Mais voter n'est nullement un fait naturel, par conséquent ne peut être un droit naturel. Du contrat social on serait embarrassé de citer plus d'un ou deux exemples, et ceux qu'on cite ne prouvent pas grand'chose ; quant à la volonté générale, — s'il y a une volonté générale et si l'on peut dire ce que c'est, — le suffrage universel inorganique est loin d'en être l'expression.

Enfin, la souveraineté nationale elle-même : que vaut, à bien l'examiner, dans l'État moderne, que vaut cette notion de « souveraineté » ? D'où elle vient, on le sait : c'est une idée mystique et théologique. A quoi elle sert, on ne le voit pas ; en quoi elle nuit, cela éclate aux yeux. Tant que la souveraineté nationale reste à l'état de théorie et que la souveraineté comme la nation forme un bloc, demeure une et indivisible, soit encore : elle n'est qu'inutile ; ce n'est qu'une doctrine de majesté, bonne pour la pompe et l'ostentation :

ce n'est qu'une phrase et qu'un mot ; laissons dire, quoique les phrases et les mots ne soient pas toujours innocents. Mais dès qu'elle passe à la pratique, elle se morcelle et morcelle la nation, où elle ne reconnaît et ne souffre que l'individu. Entre la nation, en sa masse, et l'individu, point d'intermédiaires : le tout est souverain, chacun est souverain : ce qui n'est pas souverain n'est pas ; il n'est que le tout et que chacun.

Or l'individu n'est pas seul à vivre dans la nation, et même, à de certains égards, dans la nation, c'est l'individu qui vit le moins : il y vil moins d'une vie individuelle que d'une multitude de petites vies collectives. Politiquement, le suffrage universel inorganique l'a abstrait des réalités où il vit : il en a fait comme un être de raison. Mais un être de raison n'est qu'un être d'imagination : fait pour ce qui vit, l'État qui veut vivre doit être fait de tout ce qui vit dans la nation. L'individu vit dans la nation, et il doit vivre dans l'État. Mais pourquoi politiquement vivrait-il en dehors des réalités où il vit socialement ? pourquoi ne vivrait-il pas politiquement de ces vies collectives auxquelles la sienne est tous les jours mêlée et dont on ne peut l'isoler sans violer les lois mêmes de sa vie ?

Ces réalités sociales, ces vies collectives de l'individu, ne pourrait-on pas refaire et restaurer par elles les cadres imprudemment brisés ? Puisque, aussi bien, c'est tout le problème de refaire des cadres à l'État, puisque c'est tout le problème d'organiser le suffrage universel, ne pourrait-on pas leur emprunter les éléments d'une organisation ? L'individu n'y perdrait rien : il y gagnerait de redevenir un être concret ; le citoyen y redeviendrait une personne vivante. Il n'y aurait de changé qu'une chose, mais tout l'État moderne en serait changé, pour son plus grand bien : voter, au lieu d'être l'exercice de la souveraineté, serait une fonction de la vie nationale ; la théorie de la vie nationale remplacerait la théorie de la souveraineté nationale ; et, de même qu'à celle-ci était lié le suffrage universel inorganique, de celle-là découlerait, pour le plus grand bien de l'État et de l'individu même, le suffrage universel organisé.

VII. — LÉGITIMITÉ THÉORIQUE ET NÉCESSITÉ POLITIQUE D'UNE ORGANISATION DU SUFFRAGE UNIVERSEL

Cette substitution de la notion de vie à la notion de *souveraineté* et du suffrage universel organisé au suffrage universel inorganique, qui est théoriquement légitime, est-il besoin d'ajouter qu'elle est politiquement nécessaire ? Nous n'avons que ce choix : organiser le suffrage universel selon la vie et sur la vie, pour vivre, ou mourir du suffrage universel inorganique ; — ce qui revient à dire que nous n'avons pas le choix.

Il n'y a plus à se repaître ni à se bercer des songeries d'antan. Juger le suffrage universel comme on le jugeait avant 1848, c'est proprement une façon de penser préhistorique, dans notre monde, à nous, dans le monde que le demi-siècle écoulé depuis lors nous a fait et que le temps présent travaille à nous faire.

Depuis 1848, d'autres éléments sont entrés en ligne, et ont même réussi à se faire leur place dans le Parlement, qui ne visent plus à détruire l'État, mais à se faire de l'État un instrument pour refondre la société. Ils marchent à l'assaut du pouvoir ; ils se vantent déjà d'avoir pour eux le nombre ; et par eux, à la faveur du suffrage universel inorganique, ce sont les luttes de classes qui tendent à reparaître et à se renouveler. S'il ne saurait rien y avoir de plus désastreux, il faut arrêter, modérer ou contenir ces éléments : aux forces qui les portent et les poussent, il faut opposer quelque force. Et puisque l'on se sert du suffrage universel inorganique, en vue d'une révolution sociale, il faut, en vue de l'ordre et du progrès social, se réfugier dans le suffrage universel organisé.

La force à opposer au nombre, elle n'est pas ailleurs : elle est là. Il faut organiser le suffrage universel. Il faut, dans le suffrage universel, former comme une espèce de brise-lames et présenter à la vague montante comme des compartiments, comme des cloisons étanches.

Que seront-ils, ces brise-lames ? et ces cloisons, que seront-elles ? Toutes les vies vivant dans l'État, qui vivent dans la nation. Au même problème toujours plus pressant, toujours plus urgent, quelle sera la solution ? Toujours une seule ; toujours la même :

organiser le suffrage universel. Qu'opposerons-nous à cet excès d'individualisme, qui, chez l'électeur, débride l'anarchie et, chez l'élu, annule la personnalité, tout en n'obéissant qu'à deux forces : le comité usurpateur et l'argent démoralisateur, — pour passer sous silence la troisième force à laquelle se plie le suffrage universel inorganique : la candidature officielle, la pression administrative ? Puisque la « décentralisation » est, en ce moment, à la mode, pourquoi ne pas commencer par « décentraliser » le suffrage que les comités accaparent, quand ce n'est pas l'argent qui le frelate ou l'administration qui le manipule ? Pourquoi ne pas l'affranchir de cette servitude ? Pourquoi ne pas le faire, puisqu'on le peut, plus digne et plus libre ? Et on le peut. En effet, que faut-il ? Encore et toujours une seule chose : l'organiser. De cette manière, garantir au pays une représentation plus exacte, qui le « représentera » réellement et le représentera tout entier ; une législation plus impartiale, qui ne sera pas faite à l'avantage, même injuste, du nombre, exclusivement par les élus du nombre, ses courtisans forcés : équilibrer les éléments, et les pondérer les uns par les autres ; pour la stabilité et le développement, pour la fécondité de la démocratie elle-même, imposer des limites à la démocratie, faire couler ses eaux divisées en un réseau de canaux et d'écluses.

Pourquoi donc remettre à demain ? Pensons-y, bien plutôt, tandis que nous sommes relativement de loisir ; pensons-y pour agir plus que pour philosopher, dans un esprit pratique et politique. Ce n'est pas d'aujourd'hui que ces questions sont agitées ou qu'est agitée cette question, grosse de tant de questions, de l'organisation du suffrage universel. Plusieurs systèmes ont été proposés, qui valent la peine d'un examen. Ces différents systèmes, nous les étudierons. Mais deux points sont à mettre tout de suite hors de discussion. Le premier (il importe d'éviter une équivoque que trop d'intéressés se feront un plaisir de soulever), c'est que le suffrage organisé restera le suffrage universel, que personne n'y aura de privilèges, que personne n'y sera dépouillé de son droit, qu'il restera égal — qu'il sera même plus universel, plus égal que ne l'est le suffrage inorganique faussement dit universel. Le second point, c'est que le système à préférer sera celui qui organisera le suffrage universel lui-même, le corps électoral lui-même, et qui, en les organisant, nous donnera vraiment, dans ce temps-là, un « corps » électoral et un suffrage « universel ».

II. EXPÉDIENTS ET PALLIATIFS

Au premier problème posé : — *Comment faire pour conjurer la crise de l'État moderne* ? et ainsi résolu : *Organiser le suffrage universel*, — s'ajoute et se lie un second problème, dont les données peuvent, ou doivent même être formulées ainsi : *Comment organiser le suffrage universel* de telle façon que, tout en restant universel et égal, il dégage la meilleure représentation, permette la meilleure législation, et assure enfin le fondement le plus solide qu'il soit possible de donner à l'État ?

Tant que ce second problème n'est pas résolu, le premier ne l'est qu'à demi : il peut l'être scientifiquement, philosophiquement ; il ne l'est point pratiquement et politiquement. Or il nous faut ici une solution pratique et politique ; plus encore que d'une doctrine, nous avons besoin d'un texte de loi. Cette solution politique, il y a peut-être un moyen de la trouver et sûrement, si le moyen existe, ce ne saurait être que celui-ci : Repasser un à un tous les systèmes imaginés depuis qu'on s'est aperçu des vices du suffrage universel, depuis cinquante ans que nous l'avons ; les analyser un à un et les critiquer par rapport à chacun des termes énoncés, en se souvenant qu'il ne s'agit pas seulement *de corriger ou d'atténuer tel ou tel des inconvénients du suffrage universel inorganique*, mais bien *d'organiser le suffrage universel* ; de l'organiser profondément et presque au sens qu'a le mot en biologie ou en physiologie ; qu'il ne s'agit pas de moins que de mettre d'accord l'*institution* nationale avec la vie nationale ; et, en somme, de substituer à quelque chose de très simple, mais de mort-né, quelque chose de vivant, mais par là même d'assez complexe.

Ainsi, le chemin est tracé : aller du tout simple au moins simple, du moins simple au plus compliqué, et, cependant, prendre garde que si aucun de ces systèmes ne fournit à lui seul, sans doute, la solution cherchée, chacun d'eux ou quelqu'un d'entre eux peut apporter un élément de solution ; que si aucun d'eux, sans doute, n'organise le suffrage universel, plusieurs d'entre eux peuvent quand même servir à l'organiser. — Nous ne verrons donc guère, au début, que les plus timides et, par conséquent, les moins efficaces, ceux qu'on appellerait volontiers des *expédients* ou des *palliatifs* ; mais, s'ils contiennent quelque parcelle dont on puisse tirer de l'ordre et de la vie, et qui soit à quelque degré un principe d'organisation, il serait dommage de la perdre, pour les avoir jugés trop vite et les avoir rejetés trop dédaigneusement.

I. — EXPÉDIENTS COMPATIBLES AVEC LA FORME ACTUELLE

1° *L'Éducation du suffrage universel.*

Ce qui vient d'abord à l'esprit, c'est que l'éducation du suffrage universel n'est pas faite et qu'il faut la faire. Là-dessus, on n'hésite pas ; on ne s'interroge pas ; et pourtant, il vaudrait la peine d'y réfléchir : en effet, qu'est-ce, au juste, que de faire l'éducation du suffrage universel ? et cette éducation, si hautement désirable, peut-on ou ne peut-on pas la faire ? et à supposer qu'on l'entreprenne, avec quels instruments, par quels procédés ? On en voit trois ou quatre : *l'école, la presse, les associations libres*, enfin une sorte d'*auto-éducation*, — l'électeur, en votant, s'apprenant à voter, comme c'est, si l'on en croit le proverbe, en forgeant qu'on devient forgeron.

L'*école*, l'école primaire, de la ville au village. Mais qu'y enseignera-t-on ? La lecture, l'écriture, les quatre règles de l'arithmétique, un peu d'histoire et de géographie ; avec cela force « leçons de choses ». Et après ? Tout homme qui sait lire est un homme sauvé : soit, puisqu'on nous l'affirme ; mais tout homme qui saura lire saura-t-il choisir un hon député ? Quel rapport nécessaire y a-t-il entre savoir lire et savoir voter ? Bien peu de personnes s'en sont embarrassées, et l'on a eu tôt fait de les traiter d ! « ignorantins », d' « obscurantistes » ou, ce qui dit tout, de « réactionnaires ». On est parti bravement, et généreusement, en campagne. Nous avons découvert et expérimenté une folie nouvelle, la folie scolaire. Qui niera qu'il y eût des maisons d'école à bâtir et des communes à pourvoir de maîtres d'école ? Mais pourquoi cette architecture ? et pourquoi cette apothéose ? Des monuments, partout des monuments ! L'État aidera les communes à jeter l'argent par les fenêtres, pourvu que les fenêtres aient des sculptures, et toujours plus de frontons et toujours plus de devises ! Au sommet, en plein ciel, l'instituteur transfiguré, versant sur le pays des torrents de lumière. Ce n'est plus l'humble fonctionnaire, dont l'utile et modeste office était de faire épeler les enfants. C'est une espèce d'apôtre. L'instituteur primaire, c'est l'Homme qui forme l'homme et le Citoyen qui prépare le citoyen.

Afin de l'aider dans sa tâche, on l'a muni d'un *vade-mecum* ou d'un guide, d'un manuel d'instruction morale et civique. L'instruction primaire, en général, c'était bien ; mais un enseignement spécial, moral et *civique*, c'est mieux. Des hommes politiques considérables et les plus populaires de nos professeurs se sont mis à en fabriquer à l'envi, de ces petits traités, qui devaient porter au loin la saine doctrine. Au fond des Landes ou de la Basse-Bretagne, il n'y aurait plus désormais un seul paysan qui ne sût par cœur tous les articles de la Déclaration des droits, chef-d'œuvre de l'esprit humain ! Nous avions déjà des soldats de sept ans : nous allions maintenant avoir des citoyens de sept ans, ferrés sur la théorie du scrutin non moins que sur le maniement du fusil. Et peut-être les avons-nous eus, peut-être bien les avons-nous, ces bataillons de jeunes citoyens. A sept ans, ils sont de première force et réciteraient leur manuel, comme le parfait taleb récite le Koran, de bas en haut et de haut en bas, de droite à gauche et de gauche à droite, à l'endroit et au rebours, par la fin et le commencement.

Pendant que le maître les tient en classe, c'est merveilleux : avez-vous lu leurs rédactions ? Mais, à treize ans, les parents les reprennent, et ils s'en vont à l'atelier ou à la charrue. A vingt et un ans, quand ils atteignent l'âge électoral, de toutes les notions plus ou moins abstraites dont on leur avait gavé la mémoire, il ne reste rien, que des bribes et des mots naufragés, qui flottent… « Etes-vous républicain ? — Oui, monsieur, je suis républicain, par la grâce de… l'Auteur de la nature. » Car c'est cela, et ce n'est que cela ; un catéchisme qui a détrôné l'autre, qui n'est pas mieux compris et qui pénètre moins. C'est cela : une sorte d'initiation religieuse, faite de trop bonne heure et qu'il est impossible ou très difficile de défaire ou de refaire plus tard. Et ce caractère religieux est si accusé, qu'un écrivain anticlérical et franc-maçon comme Bluntschli a proposé sérieusement d'instituer, vers la vingtième ou la vingt-cinquième année, une fête solennelle de la « confirmation civique ». Tant il pensait aussi que l'école laissait à faire, ou qu'il y avait après elle des pertes à réparer ; que le citoyen en exercice n'était plus que vaguement l'apprenti citoyen ; et qu'entre treize ans et vingt-cinq les vertus de l'éducation subissaient un inquiétant déchet !

L'école ne suffit donc pas : l'instruction primaire ne suffit pas, même renforcée d'une instruction civique sur manuels spéciaux. Certes, c'est faire quelque chose pour l'amélioration à venir du corps électoral que de réduire le nombre des illettrés, de ceux qu'en Italie, avec un sens plus lin des nuances, on nomme les sans-alphabet, *analfabeti* ; car c'est quelque chose que de savoir lire. Mais ce n'est pas assez, et même, au point de vue politique, comme d'ailleurs à tous les points de vue, ce n'est pas le plus important. Le plus important, le voici : Sachant lire, lira-t-on ? et, si on lit, que lira-t-on ? Et nous sommes amenés ainsi à rechercher ce que peut la presse, ce qu'elle vaut comme second facteur, comme auxiliaire, pour l'éducation du suffrage universel. Elle peut au moins autant que l'école. Mais « elle peut », en ce point, signifie « elle pourrait ». Elle pourrait infiniment si… Si elle n'était pas ce qu'elle est devenue.

Oui, si ceux qui l'ont en mains l'eussent voulu, elle eût pu modifier à la longue et façonner, transformer et conformer un peu le corps électoral. L'homme reçoit aisément ses pensées et ses opinions toutes faites. La presse avait donc devant elle un vaste champ d'action et, dans l'État moderne, un grand rôle à jouer, un rôle qui faisait d'elle, autrement que par figure de style, une puissance de l'État… C'est cette part essentielle dans la vie et dans la direction de l'État que John Stuart Mill revendiquait pour elle, quand il disait « qu'elle avait remplacé le Pnyx et le Forum, et que, grâce à elle, dans le régime représentatif, se conservait comme une trace de démocratie directe. »

Mais ce n'est calomnier, ni injurier, ni dénigrer personne que de le reconnaître sincèrement : nulle part, peut-être, elle n'a été, en tout cas elle n'est plus, à d'honorables exceptions près et sauf en ce qui touche le patriotisme, à la hauteur de sa mission. Nos journaux les plus sages et les mieux informés, les seuls qui aient du poids et de l'autorité chez nous et au dehors, ne sauraient guère contribuer à l'éducation du suffrage universel, parce qu'ils ne vont pas assez avant dans le peuple ; et, aussi bien dans ces journaux mêmes, que de questions sont traitées légèrement, sans étude, à la hâte et presque au pied levé ! Que de formules vides de sens, d'aphorismes non vérifiés, de préjugés momifiés en phrases de convention ! que d'oripeaux et de « clichés », ou, d'un seul mot, que de fétichisme politique ! Pour d'autres, c'est la frivolité et le dilettantisme mêmes ; ce qu'on appelle « l'esprit » et ce qu'on appelait « la gauloiserie », raffinés et tournés en un « parisianisme » de café et de coulisses, avec un reportage impudent, qui ne respecte ni devoirs, ni droits, ni deuils, ni misères, et qui s'indigne quand il se trouve encore quelqu'un qui, ne croyant pas devoir mettre tout le monde dans ses secrets de famille, ose défendre sa porte à un « représentant de la presse ».

Hâtons-nous, du reste, de l'avouer, puisque ce n'est que justice : s'il y a là un mal qui, invétéré et exaspéré, se changerait en une vraie maladie sociale, la presse n'est pas seule coupable, et le public l'est autant qu'elle. La presse sert au public ce qu'il aime : elle a tort de le lui servir, mais le public a tort de l'aimer. Voilà pour les péchés capitaux de la presse : le manque d'idées et de connaissances, la routinière banalité du fond et de la forme, la satisfaction à peu de frais, la course au renseignement, exact ou inexact, la précipitation à conclure, l'habitude de trancher en tout, la tendance à entraîner l'opinion publique et à la dévoyer sur des sujets qui ne sont pas matière d'opinion publique, le penchant à la suspicion et la complaisance au scandale. On ne veut rien dire de plus, ni faire même l'allusion la plus voilée à certaines pratiques : nous ne parlons ici de la presse qu'en tant qu'agent d'éducation pour le suffrage universel.

Mais il est une observation d'une portée plus générale et qu'on ne peut pas ne pas faire. Puissance ou non, la presse est un produit de ce siècle. Or, économiquement, qu'est-ce qui donne à ce siècle sa physionomie entre tous les autres ? C'est qu'il a vu baisser les prix, s'étendre le marché, diminuer la qualité, s'accroître le goût et le besoin de gagner. A tous égards, la presseront il s'est plaint parfois, est son sang et sa fille. A mesure que le prix des journaux a baissé, leur clientèle s'est étendue ; à mesure que la presse est apparue comme un instrument de lucre ou de spéculation, on ne lui a plus guère assigné pour but que de gagner. La préoccupation de « l'affaire » a dominé, puis absorbé, jusqu'à ce qu'elle achève un jour de l'étouffer, la préoccupation doctrinale. En même temps et d'un autre côté, à mesure que le public s'étendait, la qualité de la presse descendait à cette médiocrité qui est le lot et comme la loi des foules. Ce n'est pas la presse qui a élevé le public jusqu'à elle, c'est le public qui a attiré la presse jusqu'à lui. Elle n'a pas haussé le public à un sou jusqu'à une politique raisonnée et consciente : elle s'est contentée de jeter à tout le public indifféremment sa pâture quotidienne de politique à un sou. Ne pouvait-elle pas comprendre et pratiquer autrement son rôle ? C'est une grande question, mais pour toutes ces raisons, ce qu'il y a de sûr, c'est que la presse n'a pas fait l'éducation du suffrage universel et que, pour la faire, il lui faudrait elle-même se refaire du tout au tout.

Outre l'école et la presse, il y aurait encore, pour faire cette éducation, les *associations libres*. Et à la vérité, elles ne manquent pas, mais elles ne sont ni assez nombreuses ni assez suivies. Quelques-unes ont déjà tenté et accompli d'excellente besogne, mais plutôt en vue de l'instruction générale que de l'éducation politique, et, on le répète, l'une ou l'autre, ce n'est pas tout un. Peut-être ne s'y essaieraient-elles pas sans danger ; et le danger, pour une société qui voudrait travailler à l'éducation du suffrage universel, serait de devenir la chose d'un politicien ou d'un groupe de politiciens, lesquels ne la regarderaient que comme un outil à pétrir sous leurs doigts la pâte électorale. Deux ou trois grandes associations ont à peu près, quant à présent, échappé à ce péril, mais on voit bien les grippeminauds qui les guettent. Alors, elles seraient perdues pour le bien à faire, l'éducation et non la captation de la liberté ou du droit politiques ; elles ne seraient plus — et la plupart des autres en sont là — que de pures ou d'impures boutiques, hypocrites succursales de comités, dont l'éducation du suffrage est le moindre souci et qui ont, au contraire, un intérêt certain à ce que cette éducation, tant prônée par eux, se passe en belles paroles, mais, venant aux actes, à ce qu'elle ne soit jamais faite.

Reste enfin le suffrage universel *auto-didacte*, l'*auto-éducation* du suffrage universel, en laquelle l'âme noble et quelque peu naïve de John Stuart Mill a professé une foi si touchante, et si ruinée en nous par l'expérience. Mais quel gaspillage de temps et de peine ! quels tâtonnements et quelles malfaçons, si l'on devait tout tirer de soi-même, s'instruire sans maîtres, à la sueur de son front, et, à chaque fois, réinventer son art ! Depuis que l'humanité se connaît, elle ne s'est appliquée qu'à cela : à devenir forgeron autrement qu'en forgeant et quand, pour le devenir, il lui en eût coûté un trop dur effort, la lassitude l'a prise ; — et elle n'a pas forgé. Au surplus, et quoi qu'il en soit, il y a cinquante ans que nous votons, et votons-nous « mieux », savons-nous mieux voter qu'au premier jour ?

Et, d'autre part, toute éducation, même dite mutuelle, suppose quelqu'un qui veuille bien enseigner et quelqu'un qui veuille bien apprendre. Dans l'égalité absolue, l'éducation est impossible ; et qui se résignera à apprendre ? qui se dévouera, — ou se risquera, — à enseigner ? Où sont les influences sociales ? les influences fixes et sûres, celles qui s'exerçaient d'elles-mêmes, tacitement et de proche en proche, par le seul fait de la position acquise ? Où est la « hiérarchie sociale » ? Qui donnera, et qui recevra un conseil ? Qui l'offrira, et qui le demandera ? Qui l'apportera, et qui le supportera ? Il n'y a plus que des électeurs : tout citoyen est électeur, tout électeur est souverain, tout souverain se gouverne et gouverne à sa guise ; nul n'est plus souverain, plus électeur, plus citoyen que nul autre, et comme nul autre n'a à apprendre, nul non plus n'a à enseigner.

Au résumé, si l'éducation du suffrage universel doit faire l'objet de tous nos vieux, ni l'école seule, ni la presse seule, ni, seules, les associations libres, ni le suffrage universel, se développant et s'éclairant par sa force intrinsèque, ne peuvent l'entreprendre avec chance de succès. Réunies, l'école, la presse et les associations libres y arriveraient-elles, que, les générations se succédant, l'œuvre serait sans cesse à recommencer. Et persévérât-on, recommençât-on toujours, que ce ne serait pas encore assez. Le suffrage universel, amendé par l'éducation et fait par elle plus viril, serait préférable, incomparablement, à ce suffrage universel brutal, enfantin et barbare : mais, encore et toujours, le même problème s'imposerait, et encore et toujours s'imposerait la même solution. « Élever » le suffrage universel ne dispenserait pas de l'organiser. L'éducation du suffrage universel rendrait vraisemblablement plus facile, mais à peine moins urgente et ne rendrait pas moins nécessaire l'organisation du suffrage universel ; et celle-ci demeurerait supérieure à celle-là, d'autant que le corps vivant est supérieur à de la matière dégrossie.

2° *Le vote obligatoire.*

Une deuxième plaie du suffrage universel inorganique, c'est le grand nombre des abstentions. Elles atteignent des proportions telles qu'on a pu voir des Chambres ne représenter certainement qu'une minorité, par rapport au total des électeurs inscrits. Pour nous en tenir au passé, les statistiques officielles déclarent, aux élections d'octobre 1889 (et l'on se rappelle combien à ce moment les passions politiques étaient montées et combien la lutte était vive) une moyenne de 76,6 votants pour 100 électeurs portés sur les listes, soit près d'un quart d'abstentionnistes, quel que puisse être le motif de l'abstention ou de l'absence. Lin quart, c'est la moyenne ; mais, dans plusieurs départements, le chiffre des abstentions dépasse sensiblement le tiers. Dans quelques-uns, il arrive presque à la moitié des électeurs inscrits.

Depuis 1889, l'indifférence, le détachement, n'ont fait encore qu'augmenter et l'on peut, par la simple observation, évaluer à un tiers environ, dans la plupart des circonscriptions, le chiffre des abstentions aux élections dernières. Défalquez les bulletins blancs, les bulletins nuls, les votes fantaisistes : il reste un député élu par la moitié, plus un, de moins des deux tiers des électeurs inscrits. — c'est-à-dire par moins d'un tiers, — c'est-à-dire par une minorité, — dont il faut une fiction un peu forte pour faire une majorité, la majorité et même, dans la rhétorique parlementaire, « le pays ».

Les abstentions creusent donc et minent en quelque sorte la plupart des élections : elles condamnent les majorités à n'être que des apparences et les Chambres, que des fantômes. Et non seulement elles réduisent à des minorités les prétendues majorités ; non seulement elles restreignent à l'excès la quantité des électeurs réellement représentés, mais elles ont une détestable action sur la qualité des représentants, et de contre-coup en contre-coup elles détériorent toute la politique. Car si, suivant un mot aussi juste que piquant, ce sont toujours, à la guerre, les mêmes qui se font tuer, ce sont toujours, aux élections, les mêmes qui ne se font pas tuer, pour cette raison péremptoire qu'ils ne répondent pas à l'appel. Oui, ce sont toujours les mêmes et, par malheur, ce sont toujours les plus posés, les plus rassis, les plus intelligents, il faut le dire :

ce sont, les meilleurs, d'où il suit que notre sort à tous dépend des moins bons ou des pires.

Mais qu'y faire ? Traîner aux urnes ces réfractaires ou ces récalcitrants ? Décréter le vote obligatoire ? On sait des législateurs amateurs et même des législateurs en titre qui ne reculeraient pas devant cette extrémité. Tout récemment, deux propositions portant obligation de voter ont été soumises à la Chambre, l'une venue de la droite, et l'autre d'une de nos gauches ; ce qui prouve au moins que le fléau de l'abstention n'épargne aucun parti. Il sera curieux de voir ce que décidera sur ce sujet une assemblée dont chaque membre a, chaque jour et dix fois par jour, à la bouche ces syllabes sacrées : « la souveraineté nationale », puisque, enfin, si je suis souverain, le premier usage que j'aie le droit de faire de ma souveraineté, c'est précisément de n'en pas faire usage. Un souverain qu'on oblige à l'exercice de la souveraineté a « un supérieur humain » et, par définition, n'est plus un souverain ; une souveraineté de l'exercice de laquelle on ne pourrait pas, quand il plaît, s'abstenir et qu'on ne pourrait pas au besoin abdiquer, n'est plus une souveraineté ; c'est, dans le langage du droit comme en logique, une servitude.

Il faut, par conséquent, choisir entre « le vote obligatoire » et « la souveraineté du peuple. » Se résout-on à passer outre et convient-on, comme nous le disons, nous, que voter n'est ni l'exercice d'une prétendue souveraineté, ni l'affirmation positive d'un prétendu droit naturel, mais une commission, une charge ou une fonction sociale, conférée par l'Etat au profit de l'Etat, l'objection théorique disparaît en partie, mais tout n'est pas fini. En effet, quelle sera la sanction ? Le vote est obligatoire, sous peine… Sous peine de quoi ? Nécessairement, voici quelle sera la peine : lorsqu'on aura négligé de voter deux ou trois fois et qu'on aura reçu deux ou trois avertissements, après s'être vu afficher à la porte de la mairie, on sera rayé de la liste électorale.

La belle affaire ! et le beau sermon que fera le juge à ce citoyen peu zélé : « Un tel, il y a cinq ans que vous n'avez voté. Eh bien ! vous ne pourrez voter que dans cinq ans, quand, par la suspension de votre devoir électoral, vous aurez appris ce que c'est que le devoir électoral ! » Et, sans doute, nous sommes si étrangement faits qu'un tel, qui ne votait jamais, sera peut-être puni et souffrira peut-être d'être privé de suffrage. Mais, pour parler de pénalité, ce n'est pourtant pas là une pénalité. Que si l'on veut de vraies peines, des peines afflictives (seront-elles aussi infamantes ?) quelles seront-elles ? L'amende ? la prison même ? Alors combien d'amende ? et combien de prison ? Un franc, — comme dans le canton de Schaffouse ? Deux francs, — comme dans Saint-Gall ? De un à trois francs, avec réprimande, et vingt francs, en cas de récidive dans les six ans, — comme en Belgique ? Et justement, la Belgique vient de faire, en grand, une application du vote obligatoire. Mais, ainsi que le remarquait un des rapporteurs, « ce principe de l'obligation existe, du reste, dans ses lois. On est obligé de faire partie du conseil de famille ; on ne peut se soustraire aux fonctions de juré ; on ne peut refuser le service de la garde civique, et il faut participer aux élections de la garde. » — L'argument est irrésistible, pour les pays qui jouissent encore du régime bourgeois de la garde civique. Mais, pour les autres, qui ne le connaissent plus, ce serait s'exposer à quelque ridicule que d'instituer la salle de police, « les haricots » du suffrage universel ; et l'effet obtenu, quand on enverrait réfléchir les citoyens trop mous ou les souverains trop fainéants que nous sommes, sur l'inconvénient qu'il y a à dédaigner la souveraineté, ne serait probablement pas celui que l'on aurait poursuivi. Et puis, n'y a-t-il pas abus à conclure de l'obligation de faire partie d'un conseil de famille, ou de l'obligation de remplir les fonctions de juré, ou de l'obligation de s'acquitter du service militaire, ou de l'obligation de payer l'impôt, — à l'obligation de voter ? Je sais toujours à qui l'on doit nommer un conseil de famille et qui peut être le tuteur ; de qui j'ai à apprécier les actes que l'on incrimine ; à qui, soldat, je dois obéir, et à qui, contribuable, je dois verser mon argent ; mais, électeur, je ne sais pas toujours pour qui je dois et puis *utilement* voter. Lorsque je sors du régiment, j'en sors libéré du service ; lorsque je reviens de chez le percepteur, j'en reviens libéré de ma dette ; lorsque je reviens du scrutin, je n'en reviens pas toujours représenté. Néanmoins me contraindrez-vous à aller perdre mon temps pour égarer ma voix, s'il n'y a, d'aventure (et c'est une aventure fréquente), aucun des candidats en qui j'aie confiance ? Et, à défaut de l'acte utile, m'astreindrez-vous au simulacre ? Devrai-je faire, de par la loi, le geste auguste de l'électeur ? — Ombres lamentables et lamentables urnes !

Toutefois, à condition de ne pas s'accrocher opiniâtrement à « la souveraineté du peuple », peut-être serait-il, un jour, possible et légitime de rendre le vote obligatoire ; mais seulement après qu'on aurait assuré à tout électeur le vote *utile*. Les Belges eux-mêmes n'ont pas superposé le vote obligatoire au suffrage universel pur et simple et complètement inorganique. Et nous en revenons encore au même point : que de tenter, *présentement*, l'éducation du suffrage universel et d'établir, *présentement*, l'obligation du vote, ce sont bien, si l'on veut, des expédients, dont le bénéfice d'ailleurs est, *présentement*, incertain ; mais que l'un ne dispense point d'organiser le suffrage universel, et que l'autre est inacceptable, à moins que le suffrage universel n'ait, avant de l'admettre, été *organisé*. Peut-être aussi, quand, en organisant le suffrage universel, on aura rendu le vote sûrement *utile*, pourra-t-on faire l'économie d'une contrainte, et sera-t-il alors inutile de rendre le vote *obligatoire*.

II. — CHANGEMENTS SEULEMENT DANS LA FORME

De ces expédients, ou de ces palliatifs, l'éducation du suffrage universel et l'obligation du vote, — l'éducation est difficile à faire, elle serait constamment à recommencer ; — l'obligation est difficile à imposer, tant que l'utilité du vote n'est pas garantie à tout électeur. Mais n'étaient ces difficultés, ces doutes sur l'efficacité de l'éducation et sur l'équité de l'obligation, pour l'éducation, il n'y aurait qu'à l'entreprendre, et il n'y a même pas de loi à faire ; pour l'obligation, il y aurait à faire une loi, mais si le principe en peut être débattu, si l'opportunité en peut être contestée, cette loi, du moins, serait faisable, comme l'éducation le serait, sans toucher au suffrage universel tel qu'il est, sans y rien changer. L'éducation du suffrage et l'obligation du vote sont l'un et l'autre des expédients, des palliatifs qui n'exigent aucun changement, même dans la forme actuelle du suffrage. Il y en a d'autres, au contraire, qui exigeraient des changements dans la forme, et quelques-uns, des changements, minimes, il est vrai, dans la substance du suffrage actuel. Parmi les premiers : le scrutin de liste à substituer au scrutin d'arrondissement ; le vote public à substituer au vote secret ; la limitation des dépenses électorales à substituer à la liberté de ces dépenses. — On ne dit pas que tout cela *doive être* substitué à ce qui existe, mais seulement qu'on *pourrait* l'y substituer, et que ce sont encore des expédients ou des palliatifs proposés, lesquels emporteraient des changements dans la forme du suffrage universel. Ces expédients, que valent-ils ? Et que donneraient ces changements ?

1° *Scrutin de liste ou scrutin d'arrondissement.*

C'est une question qui n'a jamais été tranchée, depuis que l'on procède à des élections, de savoir lequel des deux modes est le préférable : du scrutin de liste ou du scrutin d'arrondissement. Le scrutin de liste a ses partisans, mais le scrutin d'arrondissement a les siens ; le scrutin de liste a ses adversaires, mais le scrutin d'arrondissement en a d'aussi résolus et d'aussi bien armés. Le scrutin de liste a ses mérites, mais le scrutin d'arrondissement n'est pas sans en avoir une part ; le scrutin de liste a ses inconvénients, mais le scrutin d'arrondissement n'en a-t-il point, et davantage ? L'éloquence, la force dialectique qu'on a mises à soutenir le scrutin de liste n'ont d'égales que la force dialectique et l'éloquence qu'on a dépensées pour soutenir le scrutin d'arrondissement. L'abondance d'exemples on faveur du premier ne le cède pas d'un seul à l'abondance d'exemples en faveur du second. Autant pour l'un, autant pour l'autre ; les membres les plus ingénieux de tous les parlements qui se sont succédé se sont bornés à mieux aimer les uns, l'un, et les autres, l'autre ; — quelquefois même, tantôt l'un, tantôt l'autre.

L'empressement avec lequel on a quitté le scrutin d'arrondissement pour adopter le scrutin de liste serait incomparable et décisif, sans l'empressement avec lequel on a quitté le scrutin de liste pour revenir au scrutin d'arrondissement. De 1789 à 1875, la Franco a accueilli, puis rejeté, une douzaine de constitutions, et, sous toutes ces constitutions, elle a fait une douzaine de fois le voyage ; le pendule législatif a oscillé une douzaine de fois entre le scrutin d'arrondissement et le scrutin de liste, proclamés tour à tour exécrables et supérieurs. En 1793, l'uninominal ; en 1795, la liste ; en 1814, l'uninominal ; en 1817, la liste ; en 1820, l'uninominal : en 1848, la liste par département ; en 1852, l'uninominal ; en 1871, la liste ; en 1875, l'uninominal ; en 1885, la liste ; en 1889, l'uninominal. Et de même hors de France. Certains pays, comme l'Italie, qui avaient le scrutin de liste, l'ont remplacé par le scrutin d'arrondissement ; mais ils avaient eu auparavant le scrutin d'arrondissement, qu'ils avaient remplacé par le scrutin de liste, — et il n'est pas bien sûr qu'ils s'en tiennent là. Certains pays, comme l'Angleterre, les Pays-Bas, la Belgique, l'Espagne, ont essayé d'une combinaison des deux procédés, et ne s'en sont pas trouvés plus mal, — ni mieux. Ainsi, ni l'infériorité ni la supériorité d'un mode de scrutin sur l'autre n'a été catégoriquement, irréfutablement démontrée, ni par des raisonnements, ni par les résultats.

Les partisans du scrutin d'arrondissement font valoir que, avec le scrutin de liste, « il est impossible que les électeurs connaissent tous les candidats. » Cela est vrai ; mais est-il vrai que, avec le scrutin d'arrondissement, tous les électeurs connaissent le candidat ? — Avec le scrutin de liste, disent-ils, le comité est tout-puissant, au chef-lieu du département : et, avec le scrutin uninominal, le comité n'est-il pas tout-puissant au chef-lieu de l'arrondissement ? — « Le scrutin de liste favorise le mouvement plébiscitaire » ; mais le scrutin uninominal l'entrave-t-il ? et ne pourrait-on pas répondre que, plus les circonscriptions sont petites, plus elles sont dans la main et à la merci du pouvoir central ? — « Le scrutin de liste favorise des coalitions qui révoltent la conscience publique, et c'est la *nuance* extrême qui impose ses volontés. » Et en quoi le scrutin d'arrondissement empêche-t-il les coalitions, ou garde-t-il de la chute aux extrêmes ? Mais on ajoute : « Par le scrutin de liste, la minorité est sacrifiée. » Ne l'est-elle donc pas par le scrutin d'arrondissement ?

Les partisans du scrutin de liste répliquent : « Avec le scrutin d'arrondissement, les élections, à y bien regarder, n'ont point de sens politique, ou elles en ont peu, ou elles en ont moins qu'avec le scrutin départemental : elles ne déterminent point de courant politique. » — « Tant mieux ! tant mieux ! s'écrient les autres : avec le scrutin uninominal il n'y a pas, comme vous dites, de courant politique, mais il n'y a pas de crues subites et de débordements : c'est un petit Hot qui coule lentement, mais sûrement ; qui dort un peu, mais auquel on peut sans imprudence confier sa barque. » Les partisans du scrutin de liste reprennent alors : « Mais, avec votre scrutin d'arrondissement, nous n'aurons jamais que des choses médiocres et des hommes médiocres, des intérêts et des députés de clocher. » — « Ce sont les intérêts réels, leur riposte-t-on du camp opposé, et les hommes médiocres sont les hommes *pratiques*. Après tout, vous en avez usé, du scrutin de liste, il n'y a pas longtemps : quels hommes si éminents nous a-t-il donnés ? »

« Enfin (et c'est le coup que tenaient en réserve les défenseurs du scrutin de liste), enfin ! le scrutin d'arrondissement fausse l'esprit même du régime : le représentant, avec lui, n'est plus qu'un commissionnaire, qui assiège les ministres et les bureaux ; si bien que des électeurs aux candidats, des comités aux députés, des députés aux chefs île groupes, et des chefs de groupes aux ministres, la politique n'est plus qu'un marchandage. » Le coup est bien lancé et il porte, mais le scrutin d'arrondissement n'en est pas frappé à ne s'en plus relever : « Commissionnaires pour commissionnaires ! peuvent encore répondre ses apologistes : au lieu de commissionnaires d'arrondissement, vous aurez des commissionnaires de département. Le régime n'y gagnera rien, et les ministres y perdront ; car, pour n'être plus assiégés par un seul député, ils le seront par toute une députation. »

S'il n'y avait que ces raisons pour et contre le scrutin de liste ou pour et contre le scrutin d'arrondissement, il semblerait que leurs avantages, comme leurs inconvénients respectifs, se compensent et que, au total, ils s'équilibrent presque ; que les deux procédés se valent : qu'on est, entre eux, dans une complète liberté d'indifférence ; — et l'on ne s'expliquerait pas que tant et de si célèbres orateurs aient prononcé tant et de si longs discours en faveur de l'un ou de l'autre. Soit en faveur de l'un, soit en faveur de l'autre, les motifs invoqués sont, en général, négatifs : on n'affirme pas la supériorité de l'un des deux modes de scrutin ; on nie la supériorité de l'autre : le scrutin de liste a contre lui ceci, mais le scrutin uninominal n'a-t-il pas cela ? Et les critiques ou les reproches qu'on se renvoie de l'un à l'autre ne manquent, ni d'un côté ni de l'autre, de fondement. Mais, tout de même, entre le scrutin d'arrondissement et le scrutin de liste, il n'y a pas égalité parfaite, et si l'on considère, comme on le doit, à quelles fins est institué le suffrage, le scrutin de liste a sur le scrutin uninominal une supériorité positive.

Premièrement — le droit de suffrage est institué par l'État au profit de l'État, qui cherche, dans les élections, une impulsion et une direction, ou une indication, pour la politique. Par suite, plus l'impulsion sera énergique, plus la direction sera ferme, plus l'indication sera nette, — plus le scrutin tournera au profit de l'Etal et meilleur sera le mode employé. Si le scrutin de liste donne mieux cette impulsion, cette direction ou cette indication, il répond mieux à la première fin du suffrage, il sert mieux l'État, il vaut mieux que le scrutin d'arrondissement.

En second lieu, — le droit de suffrage est institué pour assurer à tous les citoyens, avec la meilleure législation, la meilleure représentation de leurs intérêts les plus généraux. Par suite, plus il y aura de citoyens représentés, mieux ils seront représentés, plus généraux ou moins particuliers seront les intérêts représentés, meilleure sera la représentation, et meilleure la législation, — plus le scrutin tournera au profit commun de tous les citoyens et meilleur sera le mode employé. Si le scrutin de liste donne mieux cette représentation plus générale, cette législation inspirée de plus haut, et de vues moins fermées, il répond mieux à la seconde fin du suffrage, il sert plus de citoyens, et sert mieux tous les citoyens, il vaut mieux que le scrutin d'arrondissement.

Mais ce n'est pas tout. Moins la division électorale sera arbitraire, plus elle respectera la géographie et l'histoire, et meilleur sera le mode de scrutin. Or, le département est déjà un découpage, arbitrairement l'ait sur la carte de France, mais l'arrondissement l'est bien plus, et la circonscription l'est bien plus encore. La circonscription, en effet, n'a de base que dans un chiffre de population, lui-même arbitrairement fixé : il est convenu qu'il y aura un député par 100 000 habitants. Mais pourquoi 100 000 ? et pourquoi prend-on ces 100 000 habitants ici plutôt que là ? Ce découpage, opéré arbitrairement, du territoire en circonscriptions électorales se prête à tous les calculs et à toutes les combinaisons ; il renverse ou détruit toute relation, tout rapport entre la force ou l'importance des partis dans le pays et leur représentation dans le parlement, comme on l'a vu en Allemagne, aux élections pour le Reichstag, comme nous le voyons en France, et comme on vient de le voir en Angleterre. De plus, en associant violemment et bien qu'ils en jurent, des intérêts locaux souvent contradictoires, il opprime et supprime, sans qu'il puisse s'exprimer, l'intérêt général ; il ne laisse debout que des intérêts particuliers, et ce qu'il y a de plus privé parmi les intérêts particuliers.

Inversement, moins la division sera arbitraire, plus elle respectera la géographie et l'histoire : moins elle sera artificielle, plus elle se rapprochera de la nature ; et moins elle se prêtera aux calculs trop retors et aux combinaisons trop habiles, plus elle conservera et serrera le rapport entre les différents partis et leur représentation au parlement et moins elle permettra à des intérêts par trop particuliers de s'entre-déchirer et de s'entre-dévorer, de déchirer et de dévorer l'intérêt le plus général. Si le département est, en France, moins artificiel que l'arrondissement ou la circonscription, s'il est plus près de la nature, plus près de la géographie et de l'histoire, s'il est plus vivant, le scrutin de liste s'adapte mieux à la vie nationale et vaut mieux que le scrutin d'arrondissement.

Pour que le scrutin uninominal eût le principal avantage qu'on fait valoir en sa faveur, à savoir que le candidat y peut être connu de tous les électeurs, il faudrait des circonscriptions bien plus petites que l'arrondissement ou la section de 100 000 habitants. Mais l'avantage disparaîtrait et serait accablé tout de suite sous les inconvénients : augmentation de la quantité, déjà trop grande, des sièges à la Chambre ; diminution de la qualité, déjà trop défectueuse, du personnel parlementaire ; rétrécissement, amincissement des intérêts, déjà trop menus et trop courts ; prime à la richesse, déjà trop privilégiée dans les luttes électorales ; capitulation et remise du suffrage aux comités, déjà trop puissants et trop audacieux.

L'idéal serait d'unir les avantages éprouvés du scrutin de liste et les avantages éprouvés du scrutin d'arrondissement, en bannissant les inconvénients de l'un et de l'autre ; de faire des circonscriptions à la fois larges et étroites : assez étroites pour que le candidat soit connu de ses électeurs et représente des intérêts précis ; assez larges pour qu'il ne représente que des intérêts généraux et ne soit ni un parvenu de l'argent, ni un domestique des comités, ni une créature de l'administration ; puisque, plus la circonscription s'étend, moins l'argent et les comités et l'administration, quoi qu'on en dise, peuvent être les maîtres du suffrage. Il est chimérique d'y penser, tant que la circonscription n'a que cette base unique du territoire ou de la population, tant que le suffrage universel demeurera *inorganique* ; mais l'idéal, on y toucherait, si le suffrage universel était organisé ; si l'on classait les hommes, les électeurs, et suivant le lieu qu'ils occupent géographiquement, et suivant la place qu'ils occupent socialement ; si la circonscription avait cette double base, et, en quelque manière, si elle était double. La querelle serait alors vidée entre les deux scrutins classiques. Une conciliation interviendrait qui, par la fusion de leurs avantages et l'élimination de leurs inconvénients, tournerait grandement au profit de l'Etal et des citoyens, au profit de tous et de chacun. Sans doute cela n'est qu'un rêve, avec le suffrage universel inorganique, d'avoir tout ensemble ce qu'il y a de bon dans le scrutin de liste et ce qu'il y a de bon dans le scrutin d'arrondissement ; ce rêve, pourtant, serait aisément réalisable, et se réaliserait de lui-même, dès que l'on organiserait le suffrage universel. Mais fondre ensemble les qualités du scrutin de liste et du scrutin d'arrondissement, asseoir le suffrage sur une double base, territoriale et sociale, autrement dit *organiser* le suffrage universel, c'est plus qu'un changement léger dans la forme, c'est la métamorphose de ce suffrage ; et l'on ne veut traiter, pour l'instant, que des changements légers dans la forme.

Si donc tout le débat se borne, pour l'instant, à choisir du scrutin de liste ou du scrutin d'arrondissement, ayant en vue les lins auxquelles le suffrage est institué, le scrutin de liste paraît préférable ; mais le but à poursuivre, l'objet à atteindre, la solution radicale du problème politique, la nécessité d'aujourd'hui ou de demain n'en reste pas moins ce que nous avons dit : organiser le suffrage universel.

2° *Vote secret ou vote public.*

De même que c'est, avec le suffrage universel inorganique, une question de savoir ce qui vaut le mieux du scrutin uninominal ou du scrutin de liste, c'est une autre question de savoir aussi ce qui vaut le mieux, du vote secret ou du vote public. John Stuart Mill, qui avait tenu pour le vote secret, autrefois, quand il y avait des classes « dirigeantes », une hiérarchie, des influences, un prestige social, s'était plus tard rallié au vote public, en voyant à quel point ce prestige s'était affaibli et combien les classes « dirigées » étaient promptes et ardentes à s'émanciper. « A présent, j'en suis convaincu, un vote bas et malfaisant, écrivait-il, vient beaucoup plus souvent de l'intérêt personnel ou de l'intérêt de classe du votant, ou de quelque vil sentiment chez l'électeur que de la *crainte* ou de la *dépendance* d'autrui. » Comme l'électeur ne dépend plus de personne ou dépend moins de tout le monde, et comme il n'a personne à craindre, le vote secret n'a plus de raison d'être et il y a, au contraire, plus d'une raison pour le vote public. Voter est un devoir public qui doit être rempli publiquement, ainsi que le devoir de juré, — Mill recourait toujours à cette comparaison, — sans haine et sans peur, à la face de tous.

C'était attendre autant de la moralité du suffrage universel qu'il attendait déjà de son intelligence, lui prêter autant de capacité à se conduire qu'il lui en prêtait à s'instruire, — et c'était se leurrer sur ce que sont les hommes et ce qu'est la politique. — Pas plus, d'ailleurs, qu'entre le scrutin de liste et le scrutin d'arrondissement la question n'a été tranchée, entre le vote public et le vote secret. Cependant, le vote secret est plus répandu et correspond mieux à l'état de nos mœurs, de nos esprits et de nos consciences. Notre civilisation occidentale, telle qu'elle est, ne s'accommoderait plus du vote public, bon pour des races qui n'en sont point au même degré que nous : aussi ne le trouve-t-on qu'au nord et au sud-est, à la lisière de cette civilisation, dans les marches de l'Europe moderne, au Danemark, en Hongrie.

Il veut une franchise plus rude que la nôtre et nous coûterait trop de courage civique. On se plaint du nombre des abstentions, sous le régime du vote secret ; mais, si le vote était public, il dépasserait le nombre des votants, et nous tomberions d'un mal dans un pire. Tout autour de nous on l'a bien compris, et plus les législations sont récentes, plus elles entourent de précautions minutieuses le secret du vote. L'Angleterre, mère des parlements, n'oblige plus le citoyen à affronter le grand jour des *hustings*. Les Belges se vantent d'avoir porté le vote secret à sa perfection. L'électeur belge entre dans l' « isoloir » et y demeure seul avec sa « souveraineté », avec sa liberté, sa responsabilité, et le reste, En Grèce, il y a autant de boîtes ou d'urnes que de candidats ; l'électeur passe devant toutes et dépose un *oui* ou un *non* dans chacune : bien entendu, au dépouillement, il n'y a que les *oui* qui doivent compter. La Suisse, qui est une nation, non de ce temps, mais de plusieurs temps, mêle et pratique tous les modes, depuis le vote à main levée et par acclamation dans les *landsgemeinden* des cantons primitifs jusqu'au vote secret, par bulletins, en matière fédérale.

Que l'on ne s'y méprenne donc pas. Lorsque, dans certains pays, comme en Suisse, le suffrage universel se comporte mieux que dans d'autres, ce n'est point parce que le vote est secret ou public (puisqu'il y est tantôt secret et tantôt public) ; c'est parce que la Suisse est la Suisse, et que des institutions locales de tout genre, — politiques et économiques, — de la commune avec son active et robuste vitalité, au canton et à la Confédération des cantons — y sont autant d'écoles et d'organes de démocratie, organisant spontanément, et presque physiquement, en chaque citoyen, comme par hérédité, par aptitude transmise, le suffrage universel inorganique. — Mais, quel que soit le mode usité, les résultats ne varient pas sensiblement ; ni le vote le plus secret, ni le vote le plus public n'améliore guère le suffrage universel si, en droit et de fait, il est et se maintient absolument inorganique.

3° *Limitation des dépenses électorales.*

La substitution du vote public au vote secret devait surtout, dans la pensée de John Stuart Mill, prévenir la corruption du suffrage ; elle ne pouvait, en aucune façon, le guérir de son ignorance ; — et, même de la corruption, n'était-ce pas une illusion encore, de croire qu'il l'en guérirait ? Cette illusion, Mill, si confiant qu'il fût dans les vertus éducatrices du suffrage, ne l'avait eue qu'à moitié. Il avait prévu ce que deviendrait, dans une société toute démocratique, la puissance de l'argent, et contre cette puissance de l'argent, il voulait que l'on protégeât la liberté et la dignité du suffrage ; qu'on limitât par une loi les dépenses électorales, qu'il fût justifié de toutes, ou que l'élection fût annulée, comme entachée et viciée ; et, de plus, que le candidat ne pût personnellement effectuer aucune dépense, la loi l'eût-elle autorisée ; et plus encore : que les dépenses électorales, nécessaires et légitimes, fussent mises à la charge soit de l'État, soit de la circonscription qui aurait un représentant à élire.

Il y avait assurément du bon dans cette idée, et d'abord, l'idée elle-même, le principe même. Si la représentation est une fonction publique, les frais d'élection doivent être imputés aux dépenses publiques. Ce ne peut être l'objet d'une dépense privée, que de se faire élire à une fonction publique. En décider et en disposer autrement, c'est donner le change sur la nature de cette fonction ; c'est présenter comme une faveur à acheter, ce qui n'est qu'un office à remplir ; c'est supposer au profit du candidat ce qui doit être au profit de l'État ; et c'est faire des fonctions publiques l'apanage de la fortune, ou du moins faire de l'élection un jeu, de la fortune un gros atout ; c'est introduire la corruption dans l'acte de la vie nationale d'où elle devrait être le plus impitoyablement chassée.

Le principe est bon, cela n'est, pas douteux, de limiter les dépenses électorales ; mais il faut se garder de n'aboutir, en pratique, qu'à rendre la corruption plus hypocrite, car la corruption est chose si subtile, et le corps social, comme le corps humain, lui offre tant de prises que, sans doute, elle s'infiltre toujours par quelque endroit. Ce n'est pas l'argent seul qui corrompt, et ce n'est pas avec l'argent qu'on corrompt le plus. Il y a les places et les promesses de places, et l'on y recourt d'autant plus volontiers et d'autant moins scrupuleusement que c'est, comme on dit, l'État qui paye. La multiplication des fonctions et des fonctionnaires, ce miracle de l'État moderne, n'a peut-être donc pas, en dernière analyse, d'autre cause : c'est que la corruption électorale, de cynique est devenue dissimulée ; de directe, indirecte ; et de privée, publique.

Mais s'il en est ainsi, les finances même, et la morale, se trouveraient bien que le trésor prît à sa charge les dépenses électorales. Il n'y aurait plus qu'un danger : ce serait que l'État ou le gouvernement, — lequel n'est fait jamais que d'argile humaine, — se fît corrupteur, à son tour. Les hommes étant ce qu'ils sont, il n'est pas de loi qui puisse les préserver de se laisser corrompre. La loi forcera plus ou moins la corruption à se cacher, mais elle ne fera pas, de ceux qui gouvernent et de ceux qui sont gouvernés, plus que des hommes.

Quand même, enfin, la corruption serait extirpée du suffrage, il n'en serait ni moins ignorant, ni moins incohérent, ni moins inorganique, ni moins anarchique. Expédients, palliatifs ou changements légers dans la forme n'y pouvant rien ou ne pouvant pas assez, voyons, parmi les systèmes proposés, ceux qui n'entraîneraient que des changements minimes en substance.

III. — CHANGEMENTS MINIMES EN SUBSTANCE

1° *L'âge.*

Ce ne sont, eux aussi, que des expédients, des palliatifs. Le premier consiste à reculer de quelques années l'âge électoral. Le suffrage étant un droit conféré par l'État, l'État peut le conférer à l'âge qui est jugé convenable. Et l'âge où l'État le confère n'est pas le même dans tous les pays. Il est de 20 ans en Suisse et en Hongrie, de 21 ans en France, en Italie, en Grèce, en Angleterre, ou Suède ; de 23 ans dans les Pays-Bas ; de 21 ans en Prusse et en Autriche ; de 25 ans en Belgique, dans l'Empire allemand (pour le Reichstag), en Espagne, en Norvège ; il est de 30 ans au Danemark.

Rien, par conséquent, ne s'opposerait, en principe ou en droit, à ce qu'il lut reculé et porté, chez nous, de 21 à 23 ou à 25 ans. En fait et dans l'exécution, ce ne serait peut-être pas non plus très difficile, puisque le service militaire est maintenant obligatoire pour tous et que les militaires ne votent pas. On y gagnerait la maturité que peuvent donner deux ans ou quatre ans de plus, dans cette période de formation, et, si l'armée, par l'habitude de Tordre et de la discipline, par l'esprit de corps, peut contribuer vraiment à l'éducation civique, à 23 ans ou à 25, cette éducation serait plus avancée.

Mais justement, parce que le service militaire est obligatoire pour tous et parce que, en France, les militaires ne votent pas, le besoin de reculer par une loi l'âge de l'électorat se fait sentir avec moins d'urgence. Le fait suffit, sans réviser le droit. A coup sûr, il paraît bizarre et il est bizarre, en effet, de déclarer majeur, pour l'exercice de sa « souveraineté » sur lui-même et de sa part de « souveraineté » sur ses concitoyens, un homme qu'on retient en minorité, pendant quelques années encore, quant aux actes de sa vie civile, sinon les moins sérieux, du moins les plus personnels et qui ne peuvent guère engager que lui. Mais il ne faut pas faire de changements apparents et soulignés par une loi là où les changements se font tout seuls, discrètement, sans blesser, par le train quotidien des choses.

Il est toujours fort délicat d'ôter un droit ou d'y retrancher. Et, d'autre part, il ne faut pas non plus exagérer la valeur de l'âge comme élément de la capacité électorale. Il en a une évidemment, mais elle n'est pas absolue : le coefficient s'élève et s'abaisse, avec les individus. Tirer de l'âge seul une présomption de capacité électorale et régler sur lui seul le droit de suffrage, c'est, en voulant lui faire rendre plus qu'elle ne peut donner, fausser une idée juste. Cette idée juste, on la faussait, en la poussant jusqu'à l'absurde, quand on proposait, en Belgique, de conférer l'électorat « aux citoyens les plus Agés dans la proportion de 10 pour 100 de la population communale. » Les citoyens les plus âgés ne sont pas nécessairement les seuls capables ni même les plus capables de voter.

N'admettre que des électeurs de 25 ou de 30 ans n'est une sûreté ni contre la corruption, ni contre l'ignorance, ni contre l'incohérence, ni contre la mobilité, ni contre aucun des maux du suffrage universel. Reculer l'âge de l'électorat et attendre que le suffrage universel en devienne sage, éclairé, conséquent et incorruptible, serait s'exposer à attendre longtemps et, finalement, manquer le but. Il peut n'être pas mauvais de le faire, et même il doit, être assez bon de le faire, par la loi si on le peut, dans la pratique si on ne le peut plus par la loi ; mais ce n'est pas, à beaucoup près, tout ce qu'il y aurait, tout ce qu'il y a à faire.

2° *Le domicile.*

Et tout ne serait pas fait si, en même temps qu'on reculerait l'âge électoral, on exigeait, pour conférer le droit de vote, une plus longue durée de domicile. Cette durée, comme l'âge de l'électorat, n'est pas la même dans les divers pays. Les conditions en sont ordinairement plus rigoureuses pour l'électorat communal que pour l'électorat politique, et cela va de soi, si tout citoyen, où qu'il puisse résider, a des intérêts politiques dans l'État, mais peut néanmoins ne pas avoir d'intérêts municipaux dans la commune qu'il habite en passant, sans s'y établir à perpétuité ; ce que la théorie traduit ainsi : « L'État est de droit public et général ; la commune est, surtout, de droit privé et local. » Les conditions peuvent donc être plus strictes pour l'électoral communal que pour l'électorat politique, qui, institué par l'État pour l'Etal, est, comme l'État, de droit public et général.

Suivant les différents pays, le domicile requis est de six mois, un an, deux ans et même trois ans. Il se peut que six mois, ce soit trop peu, mais deux ou trois ans, c'est trop. Exiger de l'électeur deux ou trois ans de domicile, — ou le priver du droit de voter, — n'est-ce pas perdre de vue le monde contemporain et s'attarder aux environs de 1800 ou de 1810 ? Au cours de ce XIXe siècle, la grande industrie a comme déraciné et mobilisé l'homme ; elle a bouleversé les conditions du travail et, par là même, les conditions de l'habitation ; car l'homme va où est la vie, laquelle est où est le travail. Si le travail abonde et dure, il reste ; s'il manque, il part pour le chercher. Or, la production dépendant de la demande, la demande étant capricieuse, irrégulière et la grande industrie participant un peu de la spéculation, la demande se déplace, la production se déplace, le travail se déplace et l'homme se déplace après lui. S'il serait excessif de prétendre que « c'est un continuel exode des niasses ouvrières en continuel mouvement », il ne l'est pas de dire que beaucoup d'ouvriers sont obligés de se déplacer assez souvent et qu'il n'en est guère d'assurés de trouver toujours le travail et la vie dans le même lieu.

On ne pourrait, par conséquent, exiger pour l'électorat une trop longue durée de domicile, sans enlèvera beaucoup d'ouvriers le droit de vote, sans leur reprendre d'une main ce qu'on leur avait donné de l'autre, sans commettre une manifeste injustice et sans réduire à un suffrage restreint le suffrage proclamé solennellement universel.

Six mois de domicile sont-ils trop peu et redoute-t-on d'ouvrir ainsi la porte à des compagnons turbulents, qu'il serait prudent de laisser dehors ? A-t-on peur de livrer la place aux grandes compagnies du suffrage, à l'armée roulante de la politique ? alors, qu'on demande un an, au lieu de six mois, si le profit que l'État y peut faire vaut le mécontentement qu'on ne manquera (pas de soulever, et si c'est la peine de toucher à une loi fondamentale pour n'y changer qu'une virgule. Mais on ne peut demander plus d'un an, parce que demander plus, ce serait faillir aux conditions de la politique dans l'État moderne, qui sont les conditions de la vie, qui sont les conditions du travail dans le monde moderne, et s'éloigner de la vie, alors que ce doit être tout l'effort de la politique de s'en rapprocher et de la suivre. 3° *Un minimum de capacité.*

Reculer la limite d'âge pour donner de la maturité, prolonger la durée du domicile pour donner de la stabilité an suffrage universel ne sont donc que des expédients, et des expédients de peu d'effet. Mais l'extrême ignorance n'est point un défaut moindre que les autres. Pour la combattre, on a plus d'une fois songé à exiger des électeurs un minimum de capacité.

Quel minimum ? Savoir lire ? savoir lire et écrire ? savoir lire, écrire et compter ? Où est l'identité ou seulement l'analogie entre savoir *lire* et savoir *élire* ? Il n'y en a aucune. Mais, encore que de savoir lire ne soit nullement une garanti » ; de capacité politique, celui qui sait ce qu'il fait a, de faire ce qu'il doit faire, une chance que n'a pas celui qui ne sait pas ce qu'il fait. Il est triste, aux jours de scrutin, d'entendre, comme on pouvait naguère l'entendre dans nos villages, des électeurs dire au distributeur de bulletins : « Donne-moi le bon ! » prendre le papier, le plier en quatre, et le remettre tranquillement au maire, — heureux quand c'était celui qu'ils voulaient, — mais hors d'état de s'en apercevoir, si on les trompait !

De pareils faits appuient et confirment l'axiome : « On ne devrait pas plus concéder le suffrage à un homme qui ne saurait pas lire qu'on ne le concède à un enfant qui ne sait pas parler. » L'Italie a refusé de concéder le suffrage aux hommes qui ne savent pas lire et écrire, et elle a bien fait. La Belgique, après maintes hésitations et malgré maintes résistances, s'est résignée à le leur conférer : elle a eu tort, s'il est exact qu'il y eût en Belgique 100 000 hommes en âge électoral, qui fussent incapables de lire et d'écrire (le nombre total des électeurs devant être de 1 200 000). Mais toutes deux, l'Italie et la Belgique, étaient maîtresses de la situation. Elles n'avaient pas déjà le suffrage universel. Nous l'avons, nous, et nous ne sommes plus les maîtres. La seconde République a concédé inconsidérément le suffrage aux illettrés, et nous sommes en présence du fait accompli, de la sottise passée depuis cinquante ans dans la loi. En politique, une sottise de cinquante ans ne cesse pas d'être haïssable, mais elle a cessé d'être réparable.

D'ailleurs, le temps, qui souvent aggrave les fautes, atténue peu à peu celle-ci. Il y avait, en 1854, 69 pour 100 seulement de Français mâles — et d'âge électoral — capables de signer leur acte de mariage ; en 1887, il y en avait presque 90 pour 100. Au fur et à mesure que le corps électoral se renouvelle, la proportion des illettrés, des *analfabeti* décroît, et l'école primaire, du moins, si elle n'a pas produit des citoyens qui font ce qu'ils doivent faire, a produit des gens qui peuvent savoir ce qu'ils font. Il y a beaucoup moins d'hommes de 21 ou de 25 ans complètement illettrés que de 55 ans et au-dessus, et peu à peu, la vie efface et redresse l'erreur des visionnaires de 1848, l'erreur d'avoir fait « à l'enfant qui ne sait pas parler » le funeste cadeau du suffrage universel, quitte à être scandalisés, au bout de quelques semaines, que l'on n'eût pas encore « appris à lire au peuple ! »

Charles Benoist

Et là non plus il n'y a pas de loi à faire, ni d'examen électoral à instituer, ni de subterfuge à inventer, pour retirer aux illettrés le *moyen de voter* sans leur retirer le *droit de vote.* Il n'y a qu'à laisser aller le temps et couler la vie. C'est le cas de se rappeler le précepte ancien, et de « donner du temps au temps. » Mais que l'on se persuade bien que, lors même que le dernier illettré aura fini par disparaître du corps électoral, le suffrage universel sera resté, politiquement, à peu près aussi incapable, et ne sera pas devenu du coup ce qu'il faut qu'il devienne, pour que l'État moderne soit l'État à la fois très stable et très progressif qu'il veut être.

Toute innovation, toute réforme, en politique, doit être considérée et jugée d'un triple point de vue : quant à sa « possibilité », à la facilité de son introduction ou de son exécution ; quant au changement qu'elle apporte dans les institutions, au trouble dans les habitudes ; quant à son rendement, à l'effet utile qu'elle peut donner.

Si, de chacun de ces points de vue, l'on examine chacun des expédients ou palliatifs proposés, voici ce qu'on en retiendra :

L'éducation du suffrage universel est facile à décréter, mais difficile à faire ; elle ne causerait ni changement ni trouble, mais rendrait moins qu'on n'en attend. Le vote obligatoire serait, aussi, facile à inscrire dans la loi, une fois son principe accepté, mais le principe en est, pour nous, inacceptable, en l'état actuel du suffrage. Une fois même ce principe accepté, le vote obligatoire serait difficile à faire fonctionner, faute d'une sanction pratique ; s'il rendait un peu, il jetterait du trouble dans les habitudes et trop de trouble pour ce qu'il rendrait.

Le scrutin de liste pourrait être sans trop de difficulté substitué au scrutin d'arrondissement ; ce serait changer une fois de plus la législation, mais peu changer aux habitudes : et cette substitution rendrait davantage, mais à elle seule pas assez. — Le vote public serait très difficile à substituer au vote secret, changerait trop aux habitudes et peut-être ne rendrait pas grand'chose. — Limiter les dépenses électorales serait sans doute plus facile à dire qu'à faire, changerait beaucoup aux habitudes, rendrait quelque chose, mais trop peu.

Reculer l'âge de l'électorat serait relativement facile, changerait peu dans les habitudes, à cause du service militaire, obligatoire pour tous, mais rendrait peu. — Prolonger la durée du domicile électoral serait moins aisé, changerait trop, à cause de la mobilisation des ouvriers par la grande industrie, rendrait peu et serait antidémocratique. — Rayer les illettrés des listes serait difficile, changerait et troublerait beaucoup, la prescription ayant semblé pour eux créer une sorte de quasi-droit, et rendrait peu, au prix de ce qu'on risquerait, en touchant, comme on ne saurait l'éviter, à la substance même du suffrage universel.

Si maintenant, on se reporte aux données du problème politique, tel qu'il se pose devant nous : Organiser le suffrage universel : de manière, qu'il reste universel et égal ; qu'il dégage la meilleure représentation et permette la meilleure législation ; qu'il assure à l'État un fondement solide, on doit convenir que la solution définitive n'est nulle part où nous avons jusqu'à présent cherché. Rien, en effet, dans ce que nous avons vu jusqu'à présent, n'organiserait le suffrage universel. Mais, bien qu'aucune de ces mesures ne nous offre la solution et n'apporte l'organisation nécessaire, la plupart d'entre elles, malgré tout, ne sont pas incompatibles avec une organisation du suffrage universel, quelle qu'elle doive être ; quelques-unes même aideraient ou peuvent servir à cette organisation.

Et, au demeurant, ce ne sont là, il est bon de s'en souvenir, que des expédions ou des palliatifs, puisque la méthode ordonnait de commencer par le plus simple. Montant du plus simple au moins simple, et du moins simple au plus complexe, nous continuerons, à travers les combinaisons et les systèmes proposés, — en empruntant à chacun d'eux les éléments qu'il est susceptible de fournir, — à nous rapprocher de l'organisation qui, selon nous, pourrait, seule, régler ou régulariser le suffrage universel et, seule, sauver de l'anarchie l'État moderne, inorganique de naissance.

III. COMBINAISONS

Après les *expédients* ou les *palliatifs*, et avant les systèmes, à mi-chemin entre ce qui est tout simple et ce qui serait vraiment organique, vient ce qu'on pourrait appeler la série des combinaisons. — Ce sont bien, en effet, des « combinaisons » et non des

« systèmes », si tous ces procédés ont un caractère empirique ; si leurs inventeurs ou leurs propagateurs se préoccupent beaucoup plus du résultat prochain que du résultat définitif ; s'ils n'ont pour règle et pour mesure que l'intérêt immédiat, et beaucoup moins l'intérêt public qu'un intérêt de parti. — Jeu d'échecs de la politique, considérée seulement comme un ensemble de petites fins à réaliser par un assemblage de petits moyens ; où l'imagination des joueurs peut, presque à l'infini, multiplier les coups, varier l'ordre et la marche des pièces et, avec les mêmes pions, avec les mêmes électeurs, élevés, suivant une échelle convenue, à la troisième ou quatrième puissance, faire des cavaliers ou des tours, — des électeurs du second ou du troisième degré, des électeurs à trois ou quatre voix, — et où, enfin, il ne s'agit que de gagner la partie. Tels sont un peu, tels apparaissent du moins, dans les lois adoptées et les projets présentés jusqu'ici, sinon dans les exposés théoriques : le suffrage à plusieurs degrés ; le vote plural sous ses diverses formes ; et les arrangements intermédiaires qui relient le vote plural à la représentation proportionnelle : — vote cumulatif, vote limité, vote par division, vote multiple.

I. — LE SUFFRAGE A PLUSIEURS DEGRÉS

Il fut un temps — et peut-être n'est-il pas encore passé — où le suffrage à plusieurs degrés rencontrait une grande faveur, surtout dans le « juste milieu » de l'opinion, parmi les gens que choque et froisse la grossièreté du suffrage universel direct, et qui ne croient pas que la démocratie ait elle-même tant de vertus qu'elle puisse faire fi de la raison, comme c'est s'en moquer que d'attribuer au plus capable des citoyens et au moins capable, non pas seulement, en principe, le même droit, mais, en pratique, absolument la même fonction. Le suffrage à deux ou à plusieurs degrés, — par lequel les électeurs nomment d'autres électeurs qui nomment les membres du Parlement, — est donc de toutes les « combinaisons » celle qui, à première vue, semblerait le mieux convenir à un régime où l'on aurait souci de mettre d'accord le sens démocratique avec le bon sens. C'est la solution rationaliste ou doctrinaire : solution moyenne qui ne bouleverse rien et n'épouvante point par sa nouveauté ;

chère, par là même, aux esprits moyens et, dans leur ensemble, aux classes moyennes ; formule pour ainsi dire « bourgeoise » de la démocratie et du suffrage universel.

Elle a, d'ailleurs, le mérite, devenu rare et précieux en politique, de reposer, théoriquement, sur une idée juste : à savoir que l'élection est de son essence ou devrait être un *choix*. Et voici comment sur cette vérité, sur cette idée juste, s'échafaude la « combinaison » du suffrage à plusieurs degrés. Puisque l'élection est essentiellement un choix, la condition indispensable pour que l'élection soit bonne et le choix bien fait, c'est que celui qui choisit connaisse bien celui qui est choisi, et qu'il le prenne au plus près de lui. Dans le régime parlementaire actuel, et, en général, dans le gouvernement représentatif, le nombre des élus étant nécessairement très limité, d'une part, et, d'autre part, le nombre des électeurs étant nécessairement fort étendu, il ne se peut pas que tous les électeurs soient assez près des élus, ou des éligibles, pour les bien connaître. Mais ils sont tous plus près d'hommes qu'ils connaissent mieux et qui eux-mêmes connaissent mieux, en étant plus près, les hommes à élire. Il faut, par conséquent, que ceux-là d'abord élisent ceux-ci, afin que ceux-ci, à leur tour, élisent définitivement les autres.

Il le faut, et cela suffit, car c'est toute la combinaison, et, si l'idée sur laquelle elle se fonde est juste, elle n'est pas nouvelle. Les avantages du suffrage à plusieurs degrés, évidents tant que l'on s'en tient à disserter, et la part faite, théoriquement, à la raison dans le suffrage universel par l'invention du vote étage ou échelonné, n'ont pas échappé aux auteurs qui ont traité de ces questions, à John Stuart Mill moins qu'à tout autre. C'est lui qui, le premier, croyons-nous, a écrit le mot de : suffrage *filtré*, comme si, à ce barrage des degrés, les impuretés du suffrage s'arrêtaient, ses impuretés originelles, ou comme si, en cette double ou triple opération, le suffrage universel se distillait et comme se sublimait !

Mais c'est lui aussi, c'est John Stuart Mill qui, après avoir proclamé l'excellence du suffrage à plusieurs degrés ou sa supériorité, *en logique*, sur les formes toutes droites et rudimentaires du suffrage, se voyait contraint d'avouer qu'*en fait*, et dès que l'on veut se servir du filtre, l'appareil ne fonctionne pas ou fonctionne mal, et de si défectueuse façon que les mérites supposés du suffrage par échelons en sont considérablement réduits, si tant est qu'ils ne disparaissent pas tout à fait. l'écart est grand entre le rendement calculé et le rendement constaté ; entre ce que *devrait* donner le suffrage à plusieurs degrés et ce qu'il donne. Pour divers motifs : parce qu'il n'est pas toujours vrai que les électeurs du second degré connaissent mieux les candidats que la plupart des électeurs du premier degré ; et ainsi, le but est manqué, qui était de choisir, d'*élire*, en meilleure connaissance de cause ; ensuite, parce que la pratique du suffrage à plusieurs degrés exigerait de l'électeur primaire plus d'oubli de soi, plus d'abnégation, pour se résoudre à n'être qu'un *électeur préparatoire*. Et, de l'électeur secondaire, elle exigerait, avec les mêmes qualités, d'autres qualités par surcroît : de l'indépendance, de la fermeté et du courage même, pour réussir à se garder tout ensemble et de l'attraction d'en haut et de la poussée d'en bas, sollicités qu'ils seront par les deux pôles, de l'un à l'autre desquels se transporte incessamment la force dans les démocraties : l'Etat et le peuple, le pouvoir et le nombre.

Car c'est dès le commencement et en ce point fondamental que l'esprit de sacrifice, ou du moins l'esprit d'ordre et de hiérarchie fera défaut à l'électeur primaire, — et c'est dès le commencement et en ce point fondamental que la pratique démentira la théorie. — Théoriquement, on se flatte que les électeurs du premier degré s'en remettraient à ceux du second, qui choisiraient et investiraient, qui éliraient dans la plénitude du sens. Mais la pratique donne tout autre chose. Ce n'est que par exception que l'électeur primaire se résignera à choisir seulement celui qui doit choisir pour lui. A l'ordinaire, il tombera en l'une ou l'autre de ces deux extrémités : ou il lui semblera sans intérêt de se déranger pour si peu, — et le premier degré du suffrage s'affaissera, s'effondrera sous le second ; ou bien, tout de suite et tout d'un coup, l'électeur primaire entendra choisir celui qui devra être choisi, et il l'imposera à l'électeur du second degré, réduit au rôle d'homme de paille ou de tiers entremis entre le véritable électeur et l'élu : — alors le second degré du suffrage sera écrasé et annihilé sous le premier. Que l'électeur du premier degré se détache ou empiète, il y a un acte qu'il n'accomplira pas : précisément celui qu'on lui demande, et dont l'accomplissement est nécessaire à la marche normale du suffrage à plusieurs degrés ; il ne se bornera pas à choisir l'électeur du second degré. Quoi qu'il fasse après cela, qu'il ne vote pas du tout ou vote par delà et par dessus l'électeur du second degré, un des degrés du suffrage aura disparu, soit le premier, soit le second, — et le suffrage à deux degrés se trouvera, en pratique, ramené tout juste à ce qu'est le suffrage universel direct.

Il y sera ramené autrement encore. Le suffrage universel direct aboutit, on l'a vu, à une mystification, et le peuple, en qui résident — on le lui chante sur tous les tons — la force et le droit, la « souveraineté », n'est, dans le fait, qu'un fantoche aux mains de quelques-uns. Si le suffrage à deux degrés coupait court à cette plaisanterie, nous délivrait de la tyrannie hypocrite et le plus souvent stupide des comités ! Mais non, dans aucune des deux hypothèses. Si l'électeur primaire boude et déserte le scrutin du premier degré, le champ n'en est ouvert que plus large et plus libre aux entrepreneurs d'élections, qui se rabattent sur les électeurs du second degré et tâchent de les circonvenir, comme ils faisaient des autres. Si, au contraire, l'électeur primaire regimbe, et traite en commissionnaire, chargé de porter son bulletin, l'électeur du second degré, s'il le choisit, à cause non pas de sa capacité à bien choisir, mais de sa docilité à voter pour tel ou tel, qu'il s'imagine avoir lui-même et à l'avance choisi, il n'en sera ni plus ni moins qu'il n'en est avec le suffrage direct, et dans les dessous du suffrage à deux degrés, comme dans les dessous du suffrage direct, se tiendra, caché et conduisant la pièce, l'éternel X, Y ou Z.

Ni pis ni mieux que dans le suffrage direct. Le suffrage à deux degrés ne fait qu'ajouter une vaine formalité, — l'investiture par les électeurs secondaires ; — il échelonne légalement le suffrage, mais sans en prévenir, sans en empêcher, au bas de l'échelle, l'accaparement illégal. Avec les comités, il y a, dans le suffrage, qualifié de direct, deux degrés : le comité, les électeurs ; avec le suffrage dit à deux degrés, il y en a trois, dont l'un ne compte guère : le comité, les électeurs primaires et les électeurs secondaires ; le premier, aussi effronté, aussi nuisible que dans le suffrage direct ; les seconds, aussi apathiques, aussi hypnotisables ; les derniers, impuissants et comme passifs, et aussi sujets à la tentation.

Ainsi en est-il et en doit-il être du suffrage à deux degrés, du suffrage à plusieurs degrés ; et d'instituer cinq ou six degrés, au lieu de deux, ne l'amenderait pas. Plus il y aurait de degrés entre eux et le scrutin définitif, plus les électeurs primaires s'éloigneraient, se retrancheraient à l'écart et s'endormiraient. Là où ils ne dormiraient pas, ils sauteraient d'un furieux élan et briseraient tous les degrés interposés. Plus il y aurait de degrés, moins ils participeraient à la vie politique, qui s'élaborerait sans eux et au-dessus d'eux, comme une chose à jamais mystérieuse pour eux ; et cependant c'est la loi de l'État moderne que le plus grand nombre possible de citoyens vive le plus pleinement possible, et le plus consciemment, de toute la vie nationale. Là où ils secoueraient la torpeur naturelle aux foules, ils se jetteraient dans cette espèce de frénésie qui ne leur est pas moins naturelle, et, dès qu'ils souffriraient de ne rien être et de ne rien faire, ils voudraient tout faire et tout être…

Cherchez maintenant le bénéfice qu'on peut tirer, dans la pratique, du suffrage à plusieurs degrés : c'est proprement de l'art pour l'art, et la belle machine qu'on a montée travaille à vide, pour travailler ! Cherchez, dans la pratique, quelle dose de raison ou de bon sens la démocratie acquiert par la substitution du suffrage échelonné au suffrage direct ; de combien d'absurdités et d'immoralités, entre toutes celles qu'elle porte en suspension, ce filtrage l'a débarrassée ; de combien de pas, par cette substitution, progresse l'éducation des citoyens, et de combien de battements s'accroît la circulation de la vie politique ; quel sérieux et quelle dignité l'introduction de deux ou de plusieurs degrés donne au suffrage universel ; en quoi l'élection devient plus digne et plus nette ; quels éléments d'amélioration y puise et s'assimile le corps électoral !

On a tôt fait de distinguer et de dire : Le suffrage direct n'est que l'*élection* ; le suffrage à plusieurs degrés est la *sélection*. Des mots ! puisque la sélection et l'élection ne sont, toutes deux, qu'une seule et même chose : un choix. Or la valeur du choix dépend et dépendra toujours, plus que de tout le reste, de la valeur de celui qui choisit. Si donc, direct ou à plusieurs degrés, le suffrage universel demeure sensiblement pareil à ce que nous connaissons, ses produits peuvent-ils être, dans un cas, supérieurs à ce qu'ils sont dans l'autre ? Et si le corps électoral ne s'améliore pas, le corps élu qui sortira du suffrage à plusieurs degrés sera-t-il meilleur que le corps élu sorti du suffrage direct ?

C'est ce qu'il est aisé de soutenir par des arguments spécieux, et malaisé — ou même impossible — d'établir par des faits probants. Les faits établissent, au contraire, que, comme le corps électoral, les corps élus ne sont guère, avec le suffrage gradué, meilleurs qu'ils étaient sans lui.

En France, de 1791 à 1814, nous avons eu le suffrage universel, ou un suffrage très général, à plusieurs degrés. Les trois constitutions révolutionnaires, — celles des 3-14 septembre 1791, du 24 juin 1793 et du 5 fructidor an III (22 août 1795), — reposent sur la division des Français en citoyens actifs et en électeurs, et sur leur répartition, selon des conditions variables, en assemblées primaires (citoyens actifs), et en assemblées électorales (électeurs proprement dits). De ce régime sont issus la Législative, la Convention, le Conseil des Anciens et le Conseil des Cinq-Cents, qui eurent leurs gloires et leurs misères ; dont trois, sur quatre, furent médiocres, la Législative et les deux Conseils ; tandis que la Convention ne fut grande que dans la passion, emportée qu'elle était par la grandeur des circonstances au-dessus d'elle-même et du pays, toute proportion, toute conséquence rompues entre son origine, sa composition et ses destinées.

La Constitution consulaire du 22 frimaire an VIII (13 décembre 1799j et le Sénatus-Consulte organique du 16 thermidor an X (4 août 1802), instituent soit deux listes, d'arrondissement et de département, soit trois collèges, de canton, d'arrondissement et de département, qui, à vrai dire, ont un droit de présentation bien plus qu'un droit de nomination, et désignent bien plus qu'ils n'élisent. De là naquit le Corps législatif de l'Empire qui fut, par la grandeur du Maître, retenu au-dessous du pays et de lui-même, et qui ne put donner sa mesure.

Sous la Restauration, de 1815 à 1830, si le suffrage fut censitaire et restreint, ce n'en fut pas moins, par le double collège, une sorte de suffrage à plusieurs degrés. Le parlementarisme, en France, ne connut pas de plus belle époque ; mais est-ce au mode de l'élection qu'il faut en rapporter l'honneur ? ou n'est-ce pas, de préférence, à de multiples causes qui dépassent de beaucoup la forme du suffrage ? Le gouvernement de Juillet conserva le suffrage censitaire et restreint, mais en un seul collège, et la seconde République intronisa le suffrage universel, direct, égalisé, rasé et nivelé.

L'histoire ne fournit donc pas la preuve que le suffrage à plusieurs degrés donne des produits supérieurs aux produits du suffrage tout simple ; et nous ne le retrouverons plus chez nous que pour l'élection du Sénat, pour une besogne regardée au fond comme inférieure, depuis que la Chambre des députés s'est arrogé une prépotence qui touche de fort près à l'omnipotence. On sait que les sénateurs sont élus, en collège départemental : 1° par des électeurs de droit : députés, conseillers généraux, conseillers d'arrondissement ; 2° par des électeurs *ad hoc*, délégués des conseils municipaux. C'est une élection à deux et trois degrés, puisque, comme électeurs *ad hoc*, les conseils municipaux élus (premier degré) élisent des délégués (deuxième degré), qui participent à l'élection des sénateurs (troisième degré).

Si le suffrage à plusieurs degrés est décidément supérieur au suffrage direct, il s'ensuit que le Sénat doit être, en qualité, supérieur à la Chambre. Or, pourquoi taire qu'il n'en est pas ou n'en est plus ainsi ? que la révision de 1884, qui a supprimé, par extinction, les inamovibles et remis leurs sièges à l'élection ordinaire, a eu pour effet d'abaisser, rapidement et constamment, le niveau du Sénat ? que les sénateurs ne sont plus guère que des députés vieillis ? et que, au fond, le Sénat et la Chambre se valent ? ce qui est un fait considérable à l'appui de notre thèse : que, si ingénieuse que soit la combinaison du suffrage à plusieurs degrés et si séduisante au premier aspect, elle se révèle, à l'user, peu utile et peu efficace.

Le suffrage à plusieurs degrés n'en occupe pas moins une place importante sur la carte électorale de l'Europe. Presque partout on s'en remet à lui de l'élection des chambres hautes, et nulle part on ne le voit s'écarter des deux ou trois formes définies ci-dessus. On vient de rappeler comment est élu le Sénat français. Le Sénat belge est élu pour moitié au suffrage direct et pour moitié au second degré, par les conseils provinciaux (corps électifs). Dans le royaume des Pays-Bas, la Chambre haute, ou Première Chambre, est également nommée par ces corps électifs, les conseils provinciaux. En Suède, l'élection de la Chambre haute appartient aux conseils provinciaux et aux conseils municipaux des villes non représentées au conseil provincial. En Norvège, c'est la Chambre des députés qui tire d'elle-même une Chambre haute, par la désignation d'un quart de ses propres membres.

Jusqu'ici, Chambre des députés, conseils provinciaux ou conseils municipaux, ce sont des corps élus, mais des corps constitués dans l'État à d'autres fins que d'élire la Chambre haute, qui élisent au dernier degré. En Danemark, au contraire, pour la partie du Landsthing ou Première Chambre qui n'est pas nommée par le roi, ce sont des délégués *ad hoc* : les électeurs choisissent, quelque avantage fait aux plus imposés, un certain nombre d'entre eux, qui deviennent les électeurs secondaires.

En Espagne, comme en France, pour la plus importante des fractions électives du Sénat, on s'arrête à un moyen terme : font, au dernier degré, l'élection : les députations provinciales, c'est-à-dire des corps constitués, et des délégués des *ayuntamientos* ou conseils municipaux, c'est-à-dire des délégués *ad hoc*, mais des délégués de corps constitués, électeurs tertiaires, et non des électeurs secondaires nommés immédiatement par tous les électeurs primaires.

Voilà en ce qui concerne les Chambres hautes. Pour les secondes Chambres, des députés ou des représentants, le suffrage est, la plupart du temps, direct. On le trouve pourtant, à deux degrés, dans le royaume de Prusse, avec la division du corps électoral en tiers, d'après le montant des contributions. On le trouve encore en Autriche, pour la quatrième classe d'électeurs (habitants des communes rurales). Obligatoire en Norvège pour les villes et pour les campagnes, il est facultatif en Suède, au gré de la majorité des électeurs de chaque circonscription.

Mais, que le suffrage gradué soit à deux, trois ou cinq degrés, ou plus encore, nous en revenons à ceci : il faut que l'élection définitive soit faite, ou par des corps électifs, constitués à d'autres fins que cette élection même, ou par des collèges de délégués choisis à cette fin même de l'élection.

Dans le premier cas, les inconvénients et les dangers sont évidents : ce sera l'introduction de la politique, de ses préoccupations et de ses procédés là où elle n'a que faire ; l'élection éventuelle du Sénat ou de la Chambre au second degré par les conseils provinciaux ou les conseils municipaux faussera, dès le début, les élections aux conseils provinciaux et aux conseils municipaux. De plus, le sort des uns est lié avec une fâcheuse rigueur à la fortune des autres : il n'est pas possible qu'il en aille différemment, et c'est une grosse question constitutionnelle, de savoir ce qu'il adviendra du corps qui a élu si le corps qui a été élu vient à être dissous ; ou réciproquement, du corps qui a été élu si la dissolution frappe le corps dont il procède.

Dans le second cas, celui de l'élection au deuxième degré par des collèges ou des corps formés exclusivement à cette fin, il peut se présenter deux espèces : ou le corps électoral ainsi formé sera permanent, j'entends qu'il aura une mission durable, d'une durée égale, si l'on veut, à la durée des pouvoirs de la Chambre qu'il élit, quatre ans ou même huit ans ; ou bien il sera strictement éphémère, et ses pouvoirs expireront le soir même du jour où il les aura une seule fois exercés. Permanent, il sera, pendant quatre ans ou huit ans, travaillé par les influences gouvernementales ; éphémère, il ne sera que l'instrument du caprice, « suggéré », de la multitude, en ce jour-là ; permanent, il sera sans sincérité, éphémère, sans autorité.

Ce n'est pas tout, et, dans ce second cas, élection par un corps *ad hoc*(éphémère, du reste, ou permanent), le suffrage à plusieurs degrés ne guérit pas non plus une autre plaie du suffrage : l'abstention. Loin de la guérir, ne l'aggrave-t-il point ? En Autriche, où la quatrième classe (électeurs ruraux) vote à deux degrés, le chiffre des votants du premier degré n'est que de 31 pour 100 environ des électeurs inscrits. En Suède, où les élections ont lieu facultativement au suffrage direct ou au suffrage à deux degrés, la moyenne des votants par rapport aux inscrits était, d'après une statistique récente, de 42 pour 100 dans les élections directes et de 22 pour 100 seulement, — près de moitié moindre, — dans les élections indirectes. Les chiffres confirment et éclairent, de la sorte, ce qui a déjà été dit : que, dégoûtés ou humiliés de n'être que des vice-citoyens ou des sous-citoyens, les électeurs primaires, dans le suffrage à plusieurs degrés, ne se considéreront plus comme tenus à un devoir électoral quelconque. Ne faire d'eux que des électeurs du premier degré, c'est faire de la plupart d'entre eux des électeurs d'aucun degré, des non-électeurs.

Pour toutes ces raisons, on ne saurait ne pas conclure avec John Stuart Mill : « Du moment que le double degré d'élection commencerait à avoir quelque effet, il commencerait à avoir un mauvais effet. » Et encore : « Par l'élection directe, on se peut procurer tous les avantages de l'élection indirecte ; quant à ceux de ces avantages qu'on ne peut obtenir par l'élection directe, on ne les obtiendrait pas plus par l'élection indirecte ; tandis que cette dernière a d'énormes désavantages qui lui sont particuliers. » Transposant en termes négatifs, nous conclurons : Il n'est pas une faiblesse, pas un vice du suffrage universel direct auquel, sûrement et pratiquement, porte remède le suffrage à plusieurs degrés.

En fait, il ne garantit pas de meilleures élections, un corps électoral meilleur, de meilleurs corps élus, ni, par suite, une représentation, ni, par suite encore, une meilleure législation que le suffrage universel direct. En fait, il n'avance pas d'une ligne l'éducation du suffrage, si même il ne la retarde, et ne diminue pas d'une unité, si même il ne l'augmente, le total des abstentions. En fait, ce n'est ni un obstacle à la corruption, ni une barrière à l'ignorance, ni une borne à l'incohérence, ni un frein à la mobilité du suffrage universel. On ne dit pas qu'un chef sceptique et avisé ne puisse pas, dans l'occasion, s'en servir dans l'intérêt immédiat ou apparent de son parti. Mais il ne sera jamais qu'un expédient ou, un peu plus peut-être, une « combinaison » d'un empirisme inférieur, de cet empirisme étroit et égoïste dont c'est tout l'objet de favoriser, au détriment des autres, telle classe qui s'attribue orgueilleusement le monopole du bon sens et du sens politique.

Cette combinaison est, d'ailleurs, « sans aucune base dans les traditions nationales », et, sans racines dans le passé, elle serait sans justification dans l'avenir ; elle est déjà sans opportunité dans le présent. Il n'est plus l'heure de faire des vice-citoyens ou des sous-citoyens. On a trop discouru de souveraineté pour heurter, de front ou de flanc, l'égalité, — factice tant qu'on voudra, et fictive, mais acquise, ne fût-ce que par prescription, et fût-ce contre la raison, — l'égalité dans le droit électoral, l'équivalence politique dans l'État… Et après tout, et avant tout, le suffrage à plusieurs degrés est à peine moins anarchique et à peine plus organique que le suffrage universel direct. Ce dont il s'agit, on ne l'a point oublié, c'est d'organiser le suffrage. Mais ce n'est pas l'organiser que de le couper en deux ou trois sections, de le loger en deux ou trois étages, ou de le promener sur deux ou trois plans : ainsi, les Japonais tirent, de boîtes de plus en plus grandes, des boîtes de plus en plus petites. Le suffrage à plusieurs degrés, en face des nécessités de demain, ne serait pas autre chose : un joli jeu de patience, mais, « sous l'œil des Barbares », un amusement puéril.

Ce n'est pas assez pour des hommes qui n'ont plus le temps de s'amuser. — Aux amans de la raison pure, aux doctrinaires, il faut rappeler que la politique pratique, comme la mécanique appliquée, doit apprécier et la dépense de force et la restitution de cette force en travail, qu'elle n'est pas une philosophie et ne peut pas se contenter de jouir de la beauté idéale ou géométrique des formes. Aux autres, aux « empiriques » déclarés, aux faiseurs de combinaisons, aux gens peu susceptibles d'émotion intellectuelle que meut et aiguillonne seule l'obsession du gain palpable, pouvoir ou profit plus solide encore, il faut apprendre que le point à décider n'est pas : Quelle classe gouvernera, ni quelles personnes ? mais bien : Comment faire vivre toutes les classes et tous les citoyens, en paix et en équilibre, dans l'Etat moderne, dans un Etat de droit, construit par en bas ?

II. — LE VOTE PLURAL

Le suffrage à plusieurs degrés donne, quand il se greffe sur le suffrage universel, à tous les citoyens une voix, mais les répartit en catégories dont chacune remplit dans l'élection une fonction différente. Le vote plural, lorsque lui aussi, il se superpose au suffrage universel, assure à tous les citoyens au moins une voix, mais, à certaines catégories de citoyens et sous certaines conditions, il accorde un certain nombre de voix supplémentaires. Le suffrage à plusieurs degrés rompt bien l'égalité entre les électeurs, mais seulement, si on peut le dire, dans le procédé de l'élection. Le vote plural la rompt dans l'attribution même de la qualité électorale. Le suffrage à plusieurs degrés est fondé sur l'idée que, l'élection étant un choix, la plus grande part, dans Faction d'élire, doit revenir à ceux qui sont présumés le plus capables de faire le meilleur choix. Le vote plural, ajouté, comme il l'est généralement, au suffrage universel, repose sur ces deux principes : égalité, identité de genre ou d'espèce entre les hommes — tous les hommes sont des hommes : — donc une voix à chaque citoyen ; mais inégalité de valeur entre les hommes, — tous les hommes ne sont pas les mêmes hommes : — donc une voix aux uns, plusieurs voix aux autres. Au fond, vote plural et suffrage à plusieurs degrés partent de la même idée : inégalité d'aptitude ou de valeur entre les hommes ; mais le suffrage à plusieurs degrés biaise avec elle et tourne autour ; le vote plural la proclame franchement.

Sa théorie est, franchement, une théorie d'inégalité, et, chose remarquable, elle a pénétré avec quelque éclat dans la politique vers le même temps ou peu de temps après que Darwin, dans la biologie, et Spencer, dans la sociologie, arrivaient à des conclusions impliquant l'inégalité naturelle des individus, des races et des sociétés. — La Révolution française avait déclaré de droit naturel l'égalité de tous les hommes, et la conséquence pratique en devait être que tous seraient également électeurs. — s'appuyant sur l'étude de l'homme naturel et de l'homme social, la théorie nouvelle proclamait qu'il n'y a de droits naturels que ceux fondés sur des faits naturels. Du rapprochement de ces deux notions : « Il ne saurait y avoir de droit naturel en contradiction avec le fait naturel » et : « Le fait naturel, c'est l'inégalité de valeur entre les hommes », la conséquence pratique découlait toute seule : — Puisque l'inégalité est le fait, l'égalité ne saurait être le droit ; puisque tous les hommes ne sont pas les mêmes hommes, tous ne doivent pas être électeurs à la même puissance ; et c'est ainsi que de l'inégalité naturelle on déduisait le vote plural, régime d'inégalité.

En elle-même, ce n'est certes pas nous que cette théorie scandalise. Si elle devait rester dans le domaine des idées, nous y souscririons volontiers. Non ; ni physiquement, ni moralement, ni intellectuellement, non, par aucun fait naturel, les hommes ne sont égaux entre eux ; socialement, ils ne le sont pas davantage : ils ne devraient donc pas l'être politiquement, et en lui-même, non plus, un régime d'inégalité n'aurait rien qui nous révoltât.

Mais ce que, depuis qu'il y a une humanité, ils ne sont pas, de par la nature, — chez nous et depuis cinquante ans, ils sont censés l'être de par la loi. — C'est là un de ces accidents, une de ces contingences que le philosophe peut négliger, parce qu'ils n'empêchent pas le vrai d'être le vrai, mais qui arrêtent l'homme d'Etat, parce qu'ils empêchent le vrai d'être le possible. Pour l'homme d'Etat, le fait naturel, l'inégalité, est périmé, après cinquante ans, par le fait *légal*, artificiel : l'égalité. — Contre l'admission en France du vote plural il ne faut point d'autre argument : nous avons, depuis cinquante ans, le suffrage universel égal. *Argumentum ex necessitate*. C'est tout, et voilà circonscrit le cercle des réformes réalisables : il est permis et possible de toucher à la forme et même à la substance du suffrage, pourvu qu'on ne touche pas à l'égalité du suffrage, ce qui ne nous est plus possible et, par conséquent, ne nous est pas permis.

Aussi bien, dans les pays mêmes où l'on ne serait lié par aucun *fait légal* antérieur, où l'on pourrait bâtir en plaine rase, où ne vient pas cet argument suprême de l'impossible, manque-t-il d'arguments contre le vote plural ? et, si peu réfractaire que l'on soit à la théorie de l'inégalité, n'y a-t-il pas de grandes difficultés dans l'application, dans la mise en mouvement du régime qui en serait l'expression pratique ?

Si fait, il y en a, et de très grandes. l'égalité est toute lisse, toute plate et n'exige pas de longs calculs : un est toujours égal à un. Mais il en est autrement de l'inégalité : elle est pleine d'inégalités, et un n'est pas à trois comme un est à dix. De là, un premier et grave embarras : comment régler la progression des voix ? (En réalité le vote plural est une sorte de suffrage progressif.) D'après l'échelle des valeurs. Mais comment dresser cette échelle ? Avec quels éléments et sur quels signes ? s'il s'agissait de la valeur physiologique des hommes, on la reconnaîtrait peut-être à des marques visibles et l'on pourrait s'en rapporter à des certificats de médecin. Mais il s'agit et de leur valeur intellectuelle, dont les diplômes donnent rarement la mesure exacte ; — et de leur valeur morale, sur laquelle il est si fréquent de se tromper ; — et de leur valeur sociale, car l'intérêt entre ici en ligne, et ils doivent compter non seulement pour ce qu'ils sont, mais pour ce qu'ils ont ; — et surtout de leur valeur politique, qui est ce qu'il y a au monde de moins perceptible et de moins exprimable arithmétiquement. Et il s'agit tantôt de toutes ces valeurs à la fois, tantôt de deux ou trois ensemble, et tantôt d'une seule d'entre elles. Comment faire ? à quoi se prendre ? et à combien coter chacune ?

Les éléments de pluralité, proposés le plus communément, sont : la propriété, l'instruction, la position sociale ; c'est-à-dire qu'on propose ordinairement d'accorder un certain nombre de voix supplémentaires à ceux qui justifient d'une certaine propriété, d'une certaine instruction, d'une certaine position sociale. A ces trois éléments de pluralité correspondent trois conceptions différentes de l'Etat : retenir pour critérium ou pour étalon la propriété, c'est regarder l'Etat comme une société par actions, où le citoyen, l'actionnaire a le droit d'intervenir, à raison et en proportion de son apport de capital ; — choisir l'instruction, c'est le considérer comme une université, comme un collège à la direction duquel les maîtres participent à raison et en proportion de leur grade ; — envisager la position sociale, c'est regarder l'Etat comme un corps où chaque membre remplit la fonction qui lui est dévolue et concourt à la vie générale, à raison et en proportion de sa fonction particulière.

Prise pour critérium ou pour étalon, la propriété, tout d'abord, paraît offrir un avantage : elle est facile à constater sur les registres du percepteur et se dénonce d'elle-même par le rôle des contributions directes. Foncière, elle est au grand soleil ; mobilière, elle n'échappe plus guère et de moins en moins elle échappera à l'impôt : elle présenterait donc, comme élément de pluralité, des chances d'approximative justesse, et sans doute serait-ce satisfaire à la justice même que d'établir quelque proportionnalité entre la part de chacun dans les charges et sa part aussi dans les droits. Mais il faut prendre garde que ce n'est pas seulement des charges publiques que dérivent les droits publics, et que, par suite, la propriété ou les taxes qui la constatent ne peuvent, à elles seules, fournir une base au vote plural. Et il faut encore prendre garde que le vote plural basé sur la propriété aura l'air d'un cens hypocrite ; qu'il en sera réellement un, et que de toutes les distinctions, celles auxquelles répugnent le plus les démocraties (mais est-il un Etat moderne qui ne soit plus ou moins imbu de démocratie ?) sont celles dont le fondement est la fortune. De toutes les inégalités, les plus durement senties sont celles qui viennent de l'argent. Dans les démocraties, l'argent peut beaucoup, beaucoup trop, mais tout malgré la loi et rien par elle : elle ne lui consent pas le moindre privilège ; officiellement, elle le déteste et le proscrit. C'est pourquoi l'on ne peut pas, aujourd'hui, faire de la propriété, du cens, de la fortune ou de l'argent, une même chose sous quatre noms, la base unique du vote plural. La fera-t-on, alors, de l'instruction ? Elle paraît, elle aussi, assez facile à constater par les parchemins et les titres. Il paraît même assez facile aussi d'établir, en se servant d'elle, une progression dans le suffrage : à tant de bandes d'hermine il reviendrait tant de voix. Mais, outre que ce serait de tous points constituer un mandarinat, il faudrait être bien certain que l'égalité de grade garantit l'égalité de savoir et de mérite ; et en fût-on certain encore, ce qu'on a dit ailleurs n'aurait rien perdu de sa force ; qu'il n'y a entre l'instruction littéraire, scientifique ou même juridique et l'éducation politique nul rapport fixe et nécessaire ; et quand même encore ce rapport existerait, les brevets ne nous renseigneraient ni sur le caractère, qui ne se prouve pas par examen, ni sur d'autres conditions qui ne sont pas moins rigoureusement requises, et qui le sont peut-être plus, pour faire un bon citoyen, un électeur posé et judicieux, que de connaître en ses détails l'antiquité grecque ou romaine. Hélas ! qu'on en a vu de médecins illustres, et de chimistes éminents, et d'admirables avocats, et de docteurs dans une ou deux des quatre Facultés, hélas ! qu'on en a vu battre les champs en politique et véritablement trop mal user de la voix qu'ils avaient comme tout le monde, ou, rendus sceptiques par leur science même, en user si peu, que ce n'est pas la peine de leur en donner plus que n'en a le commun des mortels ! Et c'est pourquoi l'on ne peut tirer de l'instruction toute seule la base de la pluralité.

S'attachera-t-on enfin, attachera-t-on la pluralité de suffrage à la position sociale ? Quoique ce soit encore assez précis, « la position sociale », c'est déjà bien plus vaste et plus compréhensif que la propriété ou l'instruction. La « position sociale » englobe ces deux éléments et plusieurs autres avec eux. Elle résulte, elle est un composé et de la fortune, et de la culture, et de la profession ou de la fonction ; elle sous-entend le prestige, l'influence ou du moins l'estime, la considération, puisqu'il n'y a plus, à présent, d'influence de position, de prestige social. Des trois bases sur lesquelles on croit que le vote plural peut être assis, c'est évidemment la plus large, celle qui, ne se restreignant ni à la seule propriété, ni à l'instruction seule, ni à la profession ou à la fonction seule, mais au contraire les admettant toutes en composition, se prête le moins à des exclusions qui soient trop brutalement des injustices.

Mais toute large qu'est cette troisième base, et la fît-on plus large encore, eût-on trouvé « dans la position sociale » l'élément de la pluralité, et de chacun des sous-éléments qui y entrent eût-on trouvé le signe extérieur, clair et tangible, qu'on ne serait point, pour cela, hors d'affaire. Il resterait à déterminer la progression elle-même, le rapport de la position sociale à la puissance électorale, et, ce rapport déterminé, à l'exprimer arithmétiquement — pour telle position, tant de voix ; — mais, avant de le déterminer, que de questions il y aurait à résoudre ! La « position sociale » compterait-elle en masse et conférerait-elle, indivisément, tant de voix supplémentaires ? ou bien, comme c'est un composé, la décomposerait-on pour donner tant de voix à la propriété, tant à l'instruction, tant à la profession, etc. ? Et si on la décomposait, donnerait-on à la propriété, à l'instruction, à la profession exactement le même nombre de voix ? donnerait-on autant de voix à la petite qu'à la grande propriété, à l'instruction moyenne qu'à l'instruction supérieure, et aux professions moyennes qu'aux plus hautes fonctions de l'État ? Dirait-on, par exemple : « Tout citoyen qui paie plus de 500 francs de contributions directes a une voix supplémentaire ? » ou dirait-on : « Tout citoyen qui paie 500 francs a une voix supplémentaire ; tout citoyen qui paie 1 000 francs, deux voix ; 2 000 francs, trois voix, et ainsi de suite » ?

L'esprit et le but du vote plural étant ce qu'ils sont, — incontestablement, plus le thermomètre électoral sera sensible aux inégalités naturelles et sociales, plus la gradation en sera délicate — et plus près ce régime sera delà perfection. Mais, pour rendre un pareil régime supportable à notre monde, en notre temps, il faudrait qu'on ne fît de la position sociale, induite de la fortune, de la culture et de la profession, que la base principale, non point la base unique, et que l'on reconnût, à côté d'elle, d'autres éléments de pluralité plus accessibles, ou — comment dire ? — plus démocratiques : l'âge, l'habitation, l'épargne, la qualité de chef de famille ? d'où les mêmes questions à trancher et d'autres coefficients à calculer. Au-dessus de 30 ans, aurait-on toujours une voix supplémentaire, et n'en aurait-on qu'une ? Ou serait-ce une à 30 ans, deux à 40 ans, trois à 50 ans ? Le chef de famille n'aurait-il qu'une voix supplémentaire une fois donnée, quel que soit le nombre de ses enfants ? en aurait-il une pour la femme et une par enfant ? les enfants mineurs et de sexe féminin compteraient-ils au père, ou ne compterait-on que les garçons parvenus presque à la majorité, comme entre 18 et 21 ans ?

Et soit : il serait entendu que le citoyen qui aurait le moins de voix en aurait au moins une, mais combien de voix aurait le citoyen qui en aurait le plus ? Trois, comme aux élections politiques en Belgique ? six ou douze, comme jadis à certaines élections locales en Angleterre ? cent, comme aux élections communales à Stockholm ? Dans un des projets de vote plural les plus fortement motivés et les plus minutieusement étudiés que l'on cite, — projet élaboré pour la Grande-Bretagne, — le maximum était de 23 voix, attribuées conformément à ce tableau :

Capacité générale	Droits civiques et majorité d'âge	1
Age et Expérience politique	Dix ans d'expérience électorale et 31 ans au moins	1
« «	Vingt ans d'expérience et 41 ans	2
« «	Trente ans d'expérience et 51 ans	3
« «	Ancien député	3
Propriété	Électeurs payant annuellement 500 livres sterling pour *incometax*	1
« «	200 livres sterling	2
« «	500 —	3
« «	1 000 —	4
« «	2 000	5
« «	3 000	6
« «	5 000	8
« «	10 000	10
Education	Lire et écrire sous la dictée	1
« «	Certificat de *middle-class*	2
« «	Grade de maître es arts ou bachelier es arts	4
Profession	Prêtres et pasteurs, avocats et médecins	4

Sur ce tableau, il est à remarquer que les éléments plus accessibles ou démocratiques de pluralité sont manifestement sacrifiés aux autres ; que l'âge ne confère pas plus de trois voix ; que la qualité de chef de famille n'y figure pas du tout, mais que le cens, en revanche, donne jusqu'à dix voix ; que l'instruction littéraire en donne quatre, et que trois professions — pourquoi ces trois seulement ? — en ajoutent quatre pour leur part. La combinaison, en ce cas, repose donc sur la « position sociale », qui, par le cens, l'éducation et la profession, est dotée, en tout, de dix-huit voix. l'ancienne combinaison, autrefois usitée aux élections locales anglaises, était, quant à elle, ouvertement et exclusivement censitaire. En Suède, aux élections communales de Stockholm, le vote plural est aussi à base censitaire.

La place des éléments démocratiques est moins resserrée, la place de l'argent est moins grande, et la place de l'instruction plus grande, dans la combinaison qui a prévalu en Belgique, à la suite de la révision constitutionnelle de 1890-1893. La capacité générale, droits civiques et majorité (25 ans), donne une voix, suffrage universel. l'âge de 35 ans, la qualité de chef de famille, le fait de payer à l'Etat au moins 5 francs de contribution personnelle sur l'habitation, ces trois circonstances réunies valent une voix supplémentaire. Il en est de même : une voix supplémentaire à ceux qui, âgés de 25 ans, sont propriétaires d'immeubles estimés au cadastre à 2 000 francs au moins ou titulaires, depuis deux ans au moins, soit d'une inscription au grand-livre de la dette publique, soit d'un carnet de rente belge à la caisse d'épargne, d'au moins 100 francs de rente, la propriété de la femme étant comptée au mari, celle des enfants mineurs au père. C'est la double catégorie des électeurs pluraux à une voix supplémentaire. Et maintenant, ont deux voix de supplément : les citoyens âgés de 25 ans accomplis qui sont « porteurs d'un diplôme d'enseignement supérieur ou d'un certificat de fréquentation d'un cours complet d'enseignement moyen du degré supérieur », et ceux qui remplissent ou ont rempli une fonction publique, qui occupent ou ont occupé une position, qui exercent ou ont exercé une profession privée, lesquelles fonctions, positions ou professions, « impliquent la présomption que le titulaire possède au moins les connaissances de l'enseignement moyen du degré supérieur. » Nul ne peut cumuler plus de trois votes.

Telle est la formule belge du suffrage plural, où trouvent leur place à peu près tous les éléments possibles de pluralité, qui n'est pas en soi anti-démocratique, qui ne constitue à la fortune aucun avantage sans compensation, sans rachat par d'autres conditions ; qui met au-dessus du reste l'instruction ou la fonction ; — formule capacitaire plutôt que censitaire, — qui s'arrête à 3 voix, ne va ni à 100 ni même à 25, et qui n'en est pas moins arbitraire pourtant et qui n'en a pas moins le caractère d'une combinaison. En premier lieu, ne graduant le suffrage que d'un à trois, elle est théoriquement inférieure à la formule qui le gradue de un à vingt-cinq, — parce qu'elle ne saisit pas, ne serre pas et ne traduit pas par autant d'inégalités électorales autant d'inégalités naturelles ou sociales. Ensuite, elle n'est pas moins arbitraire, car pourquoi trois votes au maximum ? pourquoi une voix à l'âge et une à la propriété ? pourquoi deux voix à l'instruction et à la fonction ? pourquoi 35 ans ? pourquoi 5 francs de cote personnelle ? pourquoi 2 000 francs de fortune en immeubles ? pourquoi 100 francs de rente ? pourquoi l'enseignement moyen du degré supérieur ? Tout est parfaitement arbitraire, et ce serait 45 ans au lieu de 35, 10 francs au lieu de 5 francs, 4 000 francs au lieu de 2 000, 200 francs de rente au lieu de 100, et l'enseignement supérieur seul, que le régime n'en serait pas changé : il n'y aurait de changé que ses effets politiques, et c'est en cela que se décèle son caractère de pure combinaison.

Suivant que l'on veut obtenir tel ou tel effet politique, on hausse ou l'on baisse la mire, mais c'est toujours l'effet le plus prochain, l'effet immédiat que l'on vise. La révision belge en eût fait la démonstration, si d'aventure elle eût été à faire. On ose dire que, dans la préparation et la discussion des lois électorales, les Chambres belges, droite et gauche, ont obéi à des préoccupations de parti, toutes prochaines, immédiates. Le fond du débat n'a pas cessé d'être : Donner le double ou le triple vote à telle catégorie de citoyens nous fera gagner ou nous fera perdre tant de voix. Le corps électoral, à la fin, s'est trouvé comprendre environ 1 370 000 citoyens de 25 ans, disposant, grâce au vote plural, de 2 110 000 suffrages. 850000 électeurs n'avaient qu'une voix ; 294 000 en avaient deux, et 223 000 en avaient trois. Au total, sur ces 2 110 000 suffrages, il y avait 850 000 voix unitaires et 1 300 000 voix plurales. — 104 conservateurs ont été élus ; en face d'eux, 20 radicaux seulement, avec 29 socialistes : le gouvernement a eu une majorité bien ronde et bien compacte. — Si l'on en juge à l'effet immédiat, d'après la politique myope des empiriques, la combinaison a donc réussi ; mais si l'on prend les choses de plus haut et si l'on découvre plus loin, ce n'est point la solution ni de la crise de l'État moderne, ni du problème de l'organisation du suffrage, et peut-être pour la Belgique même n'est-ce qu'une solution provisoire.

Car toute combinaison porte en elle-même sa condamnation, et ce que l'arbitraire a fait, l'arbitraire est, à tout instant, maître de le détruire. Et voyez à quels soubresauts, à quels bouleversements l'Etat se verra exposé ! Si, même de bonne foi et dans des vues plus généreuses que l'intérêt actuel du parti, considérant que la stabilité, la conservation de ce qui est, est le premier besoin de la société et son premier devoir à lui, un gouvernement règle l'échelle du vote plural de telle manière que les éléments conservateurs tiennent les autres en échec et règnent, il se peut faire, à son tour, que demain un gouvernement plus hardi ou plus inquiet du mal qui travaille les peuples pense que la société a plus besoin de mouvement que de repos et que son devoir à lui est de corriger plus que de conserver : avec la même bonne foi, dans des vues non moins généreuses, il réglera l'échelle du vote plural de telle manière que les éléments progressistes ou transformistes ne soient plus comprimés, et l'emportent.

Conservateur ou progressiste, selon les heures et les hommes, l'État construit sur le suffrage plural en recevra donc une empreinte de partialité et comme de finalité électorale. Il semblera n'avoir pour objectif que de faire prédominer tels éléments sociaux sur tels autres et telle classe d'électeurs sur telle autre classe, ce qui — faut-il le redire ? — est l'opposé de la solution cherchée : ordonner le suffrage de façon à maintenir en paix et en équilibre, dans l'État, tous les éléments sociaux et toutes les classes de citoyens. On sait bien que, théoriquement, le vote plural se propose de rétablir cet équilibre, rompu, au bénéfice du nombre, par le suffrage universel. Mais on sait aussi qu'il n'y peut arriver que par des calculs, et que ce n'est pas pour rien que le mot a deux sens dans toutes les langues. Le grand défaut du vote plural, ce qui le condamne à n'être qu'une combinaison, et ce qui, comme combinaison même, le condamne, c'est qu'il prête à trop de calculs : or la moins soupçonneuse prudence conseille de faire dépendre aussi peu que possible des calculs des hommes d'Etat, — puisqu'eux-mêmes dépendent des partis, — l'équilibre politique de l'État.

Et ce ne sont encore que des combinaisons : le *vote cumulatif*, par lequel l'électeur pourrait porter sur un seul nom soit, au scrutin de liste, autant de voix qu'il a de députés à élire, soit, dans le régime plural, autant de voix que la loi lui en confère ; le vote *multiple*, par lequel il pourrait voter en autant d'endroits qu'il a des intérêts ou une résidence ; le vote *limité*, par lequel, étant donné qu'il ait quatre députés à élire, il ne pourrait voter que pour trois ; et le vote de *division*, tout voisin du vote *limité*, par lequel le premier nom porté sur chaque bulletin aurait une voix entière, le second une demi-voix, le troisième un tiers de voix.

De ces quatre combinaisons, les deux premières sont des variétés du vote plural ; les deux dernières sont des bâtards, qu'on retrouvera en leur lieu, du vote plural et de la représentation proportionnelle.

Le vote cumulatif a été ou est employé pour certaines élections locales en Angleterre, en Ecosse, et dans quelques Etats de l'Union américaine, comme la Pennsylvanie et l'Illinois ; il suppose des opinions très fermes, des partis très disciplinés et des listes pas trop nombreuses. — Le vote multiple est pratiqué dans les élections politiques ou les élections communales en Angleterre et en Autriche, en Prusse et en Italie. Il suppose ou que les élections n'ont pas lieu partout le même jour, ou que l'on peut voter par procuration ou correspondance.

Le vote cumulatif est fondé sur la liberté de la personne : libre à l'électeur de donner à qui il lui plaît toutes les voix dont il dispose. Le vote multiple fait du suffrage un droit plutôt réel que personnel ; il s'attache moins à la personne qu'à la maison ou à la terre ; il a des allures archaïques, comme s'il venait de loin dans l'histoire. d'où qu'il vienne, rejetons-le comme une forme usée et rejetons le vote cumulatif comme un expédient médiocre. Des expédients ou des combinaisons, c'est bien ce qu'ils sont en effet, tous ces succédanés du vote plural, et des combinaisons qui peuvent, en se combinant entre elles, faire de la combinaison double : nids à surprises et sacs à malices, réceptacles d'erreurs, de fraudes et d'iniquités. Mais ce jugement serait trop sévère — et ne serait pas juste — si l'on voulait en rester là, le prononcer tout sec et n'y ajouter rien.

Il y a une chose au moins à ajouter, et c'est que, dans ses fondements et à son point de départ, la théorie d'où sont sorties toutes ces combinaisons jugées et rejetées, cette théorie avait du bon. C'était l'ébauche, assez distincte déjà, d'une théorie de la société et de l'Etat, qui se refusait à ne voir dans la société qu'une agglomération d'individus et dans l'Etat qu'une addition d'unités. Cette théorie ébauchée, ses auteurs l'appelaient *dynamique*, car ils concevaient la société et l'Etat plutôt comme des mécanismes mus par des *forces* ; et, poussée plus avant, nous l'appelons organique, regardant la société et l'Etat plutôt comme des organismes qui remplissent des *fonctions*. Mais, c'est la même ; et elle contenait en germe un système dynamique ou organique du suffrage, force motrice ou fonction vitale de l'Etat moderne.

Malheureusement, elle a dévié sur le chemin de la réalisation pratique, dans la courbe à faire pour passer de l'idée à l'acte par la loi ; et, dynamique ou organique, la théorie est venue finir en une combinaison arithmétique. Tandis qu'à son point de départ elle niait l'excellence, la divinité du nombre, et repoussait la notion purement arithmétique de la société et de l'Etat, elle y retournait à son point d'arrivée ; elle allait aboutir à des jongleries de nombres ; elle recommençait, après avoir posé en principe que les hommes sont force ou fonction de la société et de l'État, à les traiter en pratique comme des chiffres.

C'est là qu'elle a dévié : c'est là que la voie est à reprendre. Ayant posé en principe que les hommes sont force ou fonction de la société et de l'Etat, il faut les traiter en pratique comme force ou fonction de la société et de l'Etat. Il faut que la théorie s'achève, non pas en une combinaison arithmétique, mais en un système organique, et que ce système ait pour première assise, non pas le suffrage pluralisé, — soit en degré, soit en puissance, — mais le suffrage organisé.

IV. LA REPRÉSENTATION PROPORTIONNELLE DES OPINIONS

Si le suffrage à plusieurs degrés et le vote plural n'étaient encore que des *combinaisons*, la représentation proportionnelle est plus et mieux : presque un *système*. Ce n'est plus une « combinaison », car elle n'a pas, comme les deux « combinaisons » du suffrage à plusieurs degrés et du vote plural, un but prochain, immédiat, égoïste ; elle n'est ni un coup de partie ni une manœuvre de parti : elle vise à laisser le moins possible à l'habileté de chefs sans scrupules, à laisser peu au hasard, à ne laisser rien à l'arbitraire. C'est un « système », car elle s'inspire de motifs plus hauts et plus larges ; elle cherche sincèrement la justice, et ceux qui vont la prêchant par le monde sont, pour la plupart, de fort honnêtes gens qui veulent de tout cœur servir l'intérêt général.

Ou du moins, c'est « presque » un système, car elle est plus mathématique que politique ; et organique, elle ne l'est point du tout. Le suffrage à plusieurs degrés, le vote plural n'étaient que de l'arithmétique élémentaire : voici, avec la représentation proportionnelle, de l'arithmétique transcendante. On ne demandait aux autres qu'une martingale sûre : de celle-ci on attend le vrai absolu, démontré dans toute la rigueur des règles. — Et, sans doute, ce ne sont plus des joueurs penchés sur un échiquier ; mais ce sont des savants penchés sur des équations et qui, peut-être, oublient trois choses : la première, c'est qu'on n'enferme pas la vie en des parenthèses algébriques ; la deuxième : que l'État est fait pour les individus, certainement, mais certainement aussi pour lui-même, puisqu'ils passent et qu'il demeure, puisqu'ils ne sont que particuliers et actuels, tandis qu'il est commun et perpétuel ; la troisième, enfin : que la principale et nécessaire qualité d'un régime, fût-il ce qu'il y a de plus représentatif et surtout s'il l'est, ce n'est pas d'être mathématiquement exact, mais bien d'être politiquement maniable et, tout en permettant à chaque citoyen de se faire entendre, de permettre au gouvernement de gouverner.

I. — LA REPRÉSENTATION PROPORTIONNELLE DANS SON FONDEMENT

La représentation proportionnelle, — on doit lui rendre, tout d'abord, cet hommage, — a pour objet la vérité et la justice. Elle est issue, par réaction, de l'injustice et de la fausseté du système de la majorité pure et simple. Eh quoi ! la moitié des voix, plus une, donne tout ; et la moitié moins une n'est rien ! C'est-à-dire, au point de vue parlementaire, que la moitié des électeurs, plus un, est représentée, et que la moitié, moins un, ne l'est pas. Et encore, s'il n'y allait que d'une « représentation » *de forme* en quelque sorte, honorifique et comme décorative ! Mais il y va de la législation tout entière, que font les représentants (de la moitié des électeurs, plus un, et à laquelle les représentants de la moitié, moins un, n'ont point de part ou n'ont point la part qu'ils y devraient avoir. Or, comme, dans l'Etat moderne, la loi étant maîtresse, qui fait la loi est le maître, il en résulte que la moitié des électeurs plus un commande par ses représentants ; que l'autre moitié n'a qu'à obéir ; et que, faite sans la minorité, la loi est bientôt faite contre elle : excessive, la puissance légale de la majorité est vite devenue oppressive.

Ainsi, la moitié des Français, plus un, vit seule de la vie civique ; le reste est comme s'il n'était pas, est, en fait, frappé de mort civique : la moitié, plus un, est libre et, si l'on veut. « souveraine » ; l'autre moitié est serve, attachée à l'urne, comme jadis à la glèbe. La moitié du pays est en mainmorte, personnes et biens, et la majorité traite comme une chose, comme sa chose, de par le droit du plus fort et le titre seigneurial du nombre, la minorité qui souvent, pourtant, est presque son égale en nombre.

Et notez qu'avec ce prétendu système de la majorité pure et simple, c'est là le moindre mal, qu'il n'y ait que la moitié, plus un, des électeurs représentés ; que la législation soit l'œuvre exclusive des représentants de la moitié, plus un ; que la moitié, plus un, des citoyens détienne tout le pouvoir et que seulement la moitié, plus un, vive toute la vie de la nation. Le mal pourrait être plus grand : et ce serait que la majorité, dans les corps élus, ne fût qu'une majorité apparente, ne correspondît pas à la majorité réelle du « corps » électoral. Ce serait que, d'erreur en erreur et de déformation en déformation, on en vînt à ce que la majorité du Parlement ne représentât en vérité qu'une minorité d'électeurs.

Mais que dit-on : le plus grand mal serait qu'on en arrivât à ce point ? Il y a longtemps que nous y sommes. La Chambre de 1889, celle de 1885 et déjà celle de 1881 — pour ne pas retourner plus haut ni descendre plus bas — ne représentaient sûrement qu'une minorité ; et même une minorité assez faible, si l'on ajoute, comme on le doit, aux électeurs battus dans le scrutin et par conséquent non représentés, les abstentionnistes de toute espèce, volontaires ou involontaires, dont le nombre, toujours croissant, est successivement monté au quart, au tiers, et jusqu'à la moitié du nombre des inscrits. De telle façon qu'en y regardant bien, cette majorité de bric-à-brac, qui s'étale à la Chambre, n'a pas de majorité derrière elle ; c'est la façade en toile peinte d'une maison de théâtre ; c'est non pas l'image, mais le mirage d'un pays qui n'existe pas. Il s'ensuit naturellement que la législation, quoique élaborée suivant l'ordre par la majorité parlementaire, est, au total, faite sans la majorité du pays et parfois contre elle ; que, bien que ce soit la majorité du Parlement, ce n'en est pas moins la minorité du pays qui détient tout le pouvoir ; et que, bien que ce soit encore dans le Parlement la majorité, c'est dans le pays une minorité qui accapare, absorbe et brûle toute la vie de la nation, puisque, on ne sait à cause de quel phénomène de grossissement, on s'y laisse prendre et l'on ne s'aperçoit pas que cette majorité d'élus ne représente qu'une minorité d'électeurs.

Et le résultat ? En premier lieu, c'est que, sous un pareil régime, l'acte, le fait contredit sans cesse le principe. Et l'on ne parle pas même du principe abstrait et inflexiblement logique en vertu duquel la loi, dans les démocraties, devrait être l'œuvre *de tous* ou *des représentants de tous*, mais du principe accommodé aux choses et assoupli par la pratique, aux termes duquel la loi devrait être l'œuvre de *la majorité des citoyens*, ou *des représentons de leur majorité*. Cela, c'est le principe, et l'acte, le fait est en contradiction de chaque heure avec lui, si bien que le régime actuel n'est que trompe-l'œil et fiction. Le résultat, en second lieu, c'est que, le fait ou l'acte étant en contradiction avec le principe, le pays est en opposition avec le parlement, et les soi-disant représentants avec ceux qu'on dit représentés ; — d'où notre extrême indifférence en matière de politique, et ce grand vide autour des Chambres.

Encore ne s'en tient-on peut-être à l'indifférence et ne se borne-t-on à faire le vide autour des Chambres que parce que, chez nous, l'opposition entre le pays et le parlement n'a pas d'autre moyen de s'exprimer ; on veut dire : d'autre moyen légal, pacifique, non révolutionnaire. Mais tout près de nous, en Suisse, où le même procédé électoral engendre les mêmes abus, le *référendum* et l'initiative populaire fournissent ce moyen que nous n'avons pas : l'opposition entre le parlement et le pays s'y accuse donc et s'affirme de vote en vote, elle est criante et criée, à chaque plébiscite, par les milliers de voix qui défont ce qu'avaient fait quelques voix dans les Chambres. Et l'on peut ensuite admirer, pour peu que l'on en garde l'envie, avec quelle fidélité ceci représente cela, en attendant que cela démente et désavoue ceci !

C'est, en définitive, sur ces griefs, dûment fondés et établis, que s'appuient les amis de la représentation proportionnelle, et elle en a dans tous les partis, le système barbare de la moitié plus un frappant aveuglément, et tour à tour, tous les partis. Si tel est ce système — et il faut reconnaître qu'il est tel, en effet — il est faux et injuste, disent-ils, faux et injuste autant de fois que la moitié des électeurs plus un a de représentants en trop et que l'autre moitié a de représentants en moins. Privilégier, combler de la sorte une moitié et sacrifier l'autre, est-ce de bonne politique ? Tout remettre à une moitié, rien à l'autre, est-ce de bonne arithmétique ? Est-ce une proportion exacte et loyale ?

Et ils continuent : mais si cette proportion est mauvaise, et si cette arithmétique n'est pas vraie, et si cette politique n'est pas juste, il doit y avoir, cependant, une politique plus juste, qui sera d'une arithmétique plus vraie, prouvée par une proportion plus exacte, et donnant une répartition plus satisfaisante de la représentation et du pouvoir. On voit comment, partant de la fausseté et de l'injustice du système de la moitié plus un, beaucoup de ceux qui souffrent de cette répartition menteuse, ont été amenés à chercher, dans les calculs ingénieux de la représentation proportionnelle, la justice et la vérité ; comme si de faire, aux élections, de bonne arithmétique, ce serait de toute nécessité, sans méprise possible, par une loi aussi fatale que les lois mathématiques elles-mêmes, faire de bonne politique.

II. — LA REPRÉSENTATION PROPORTIONNELLE DANS SON FONCTIONNEMENT

La représentation proportionnelle repose, au fond, sur ce principe : pour faire de bonne politique, faire d'abord de bonne arithmétique ; avec son corollaire naturel : meilleure sera l'arithmétique, meilleure aussi la politique. La politique est mauvaise aujourd'hui, parce que l'arithmétique du suffrage est mauvaise ; parce que de très grosses minorités et parfois la majorité même du pays ne sont point représentées au parlement ou ne le sont que d'une manière tout à fait défectueuse. La politique sera bonne quand l'arithmétique sera bonne, quand tout groupe d'électeurs de quelque importance numérique sera représenté, et le sera en raison directe de cette importance. Déterminer arithmétiquement le rapport de la force numérique à la puissance politique, restaurer la proportion entre représentants et représentés : voilà la fin et de là le nom de la représentation proportionnelle.

On dit que tout groupe d'électeurs « de quelque importance numérique » a le droit d'être représenté, et de l'être en raison de cette importance. La première chose à faire est, par suite, de définir ce que l'on entend par ces mots : tout groupe de quelque importance, et l'importance des groupes, on ne peut pas la fixer arbitrairement ou empiriquement, puisque la représentation proportionnelle se propose, entre autres corrections et améliorations, d'éliminer de l'élection l'empirisme et l'arbitraire. Et comme c'est la première chose à faire, comme il faut la faire mathématiquement, elle met tout de suite dans le cas de procéder à une première opération, laquelle donnera la mesure, le mètre électoral, l'unité de représentation. Mais si c'est sûrement la première opération à faire que de trouver le mètre électoral et si les premiers partisans de la représentation proportionnelle l'ont bien compris dès le début, il y a plusieurs moyens d'y procéder, et — de ce qu'il y a divers moyens — un premier motif pour qu'il y ait divers systèmes de représentation proportionnelle.

1° *Vote limité et vote cumulatif.*

Nous ne voulons plus parler que pour mémoire du vote limite et du *vote cumulatif*, qui ne se rattachent à la représentation proportionnelle qu'en filiation illégitime. Le vote limité consiste, on se le rappelle, en ce que, dans une circonscription où il y a, par exemple, quatre députés à élire, chaque électeur ne puisse voter que pour trois, ce qui doit avoir pour effet d'attribuer le quatrième siège à la minorité. Le vote cumulatif poursuit le même but, mais par le procédé contraire. Il consiste en ce que, dans une circonscription qui élit quatre députés, chaque électeur puisse porter sur son bulletin le nom d'un seul candidat autant de fois qu'il y a de sièges à pourvoir, soit quatre fois, ce qui peut encore avoir pour effet de réserver à la minorité le quatrième siège. Mais cet effet n'est nullement certain ; et, par le vote cumulatif, la minorité n'est nullement certaine d'obtenir toute sa part, ni même, par le vote limité, si la majorité manœuvre habilement, d'obtenir une part de la représentation.

Le vote limité, comme le vote cumulatif, est, du reste, tout empirique et arbitraire ; on cela, ni en rien, il n'est scientifique ou mathématique : il peut dans des circonstances favorables, si la majorité s'endort, si la minorité est bien disciplinée, laisser une part à cette dernière, mais une part que le hasard taille à son gré, tantôt trop grande, tantôt trop petite, jamais ou très rarement proportionnelle. Ni vote cumulatif ni vote limité ne sont, à vrai dire, des systèmes de représentation proportionnelle et, s'ils peuvent être, ils ne sont pas toujours et infailliblement des procédés de représentation de la minorité ; or il ne suffit pas, pour la vérité et pour la justice, que la minorité soit représentée, il faut qu'elle le soit proportionnellement, « de façon qu'une majorité d'électeurs ait une majorité de représentants, qu'une minorité d'électeurs ait une minorité de représentants et que, homme pour homme, la minorité soit représentée aussi complètement que la majorité. »

Une qualité incontestable qui, malgré leurs imperfections et à cause peut-être de ces imperfections mêmes, reste cependant au vote limité et au vote cumulatif, c'est d'être relativement faciles à expliquer et à appliquer. A mesure que se développeront des systèmes plus perfectionnés de représentation proportionnelle, plus clairement il apparaîtra que tous ces systèmes auront beau être presque parfaits, mathématiquement et comme abstractions, force et vertu positives leur manqueront pourtant, s'il leur manque l'indispensable qualité d'être d'une explication et d'une application faciles.

Des différents systèmes où le rapport de la puissance politique à la force numérique des partis est déterminé arithmétiquement et qui tendent, non seulement à procurer une représentation de la minorité variable et aléatoire, mais à assurer, dans toutes les conjonctures et toutes les hypothèses, une représentation vraiment proportionnelle ; de ces différents systèmes, sinon le plus facile, le moins difficile est celui dont fit l'essai pratique, il y a juste quarante ans, le ministre danois Andrœ, et qu'exposa théoriquement, peu de temps après, avec la vive approbation de John Stuart Mil ! , le publiciste anglais Thomas Hare.

2° *Quotient et liste de préférence.*

Réduit à sa plus simple expression, il se compose de deux éléments essentiels : le *quotient* et la *liste de préférence* ; aussi l'appelle-t-on encore, suivant le point de vue d'où on l'examine, tantôt *système du quotient* et tantôt *système de la liste de préférence.* Système du *quotient*, car il fixe la valeur du mètre électoral, l'unité de représentation, au moyen d'une division : on divise le nombre des électeurs inscrits, ou, mieux, le nombre des votants, par le nombre des sièges à pourvoir ; le quotient donne le chiffre d'élection, ou chiffre requis pour être élu. Soit une circonscription où l'on compte 20 000 votants et qui nomme dix députés : on divise 20 000 par dix, et le quotient, 2 000, est le chiffre d'élection ; sera proclamé député de la circonscription quiconque aura réuni 2 000 voix. Ce chiffre de 2 000 est, ici, le mètre électoral, l'unité de représentation, la preuve indéniable de l'importance du groupe de citoyens qui veulent avoir tel citoyen pour leur représentant. Il marque nettement le rapport de la puissance politique à la force numérique, rapport qui est, ici, de de 1 à 2 000 : un député pour 2 000 électeurs. Et, si l'on ne craint pas de citer une fois de plus la phrase tant de fois citée de Mirabeau, que « les assemblées sont pour la nation ce qu'est une carte réduite pour son étendue physique », c'est, ici, une carte à l'échelle de un deux-millième.

Veut-on voir combien ce système s'écarte de la majorité pure et simple ? Prenez la même circonscription, avec les 20 000 votants élisant leurs dix députés au scrutin de liste ordinaire. Un seul électeur, en plus de la moitié, pourra enlever les dix sièges, un seul en moins les fera perdre ; 10 001 électeurs auront, alors, dix représentants, et 9 999 n'en auront aucun. Ou bien encore, prenez, au scrutin uninominal, la même circonscription, subdivisée en 40 collèges. Dans chacun d'eux, 1 000 électeurs, plus un, auront le député, 999 n'en auront pas, et il peut se faire que, dans tous les collèges, ces 999 électeurs annulés partagent les mêmes idées, et que, pour la circonscription en son ensemble, une minorité qui, dans le pays, est, à quelques voix près, égale à la majorité, soit totalement éliminée de la représentation nationale ; l'accident seul en décidera, agent aveugle et sourd de justice ou d'injustice.

La représentation proportionnelle, tout au rebours, demande au chiffre même de se faire un agent de justice, et de justice consciente. Et le système irait tout droit si les 20 000 électeurs consentaient toujours à se former en dix groupes de 2000. Mais il arrivera que l'un ou plusieurs des candidats réuniront plus de 2 000 voix, plus que le quotient, et que d'autres en auront sensiblement moins de 2 000, moins que le chiffre d'élection. Supposons que, sur les dix sièges, six ou sept soient tout de suite et de plein droit attribués respectivement par 3000, 2 800, 2 700, 2 500, 2 300, 2 200, 2 100 voix. Trois sièges demeurent en suspens, les candidats ayant respectivement 1 000, 800 et 600 voix. Les sept premiers élus dépassent de 1000, de 800, de 700, de 300, de 300, de 200 et de 400 voix le quotient électoral ; ce sont, en tout, 3 600 voix perdues, si ce ne sont pas 3600 électeurs non représentés. Que ces 3 600 voix perdues ou en surcroît s'ajoutent aux 2400 voix trop faibles et inefficaces des trois candidats malheureux, qu'elles se répartissent sur eux, qu'ils se les repassent ou qu'on les leur repasse de l'un à l'autre ; et, à en croire du moins Thomas Hare et Andræ, les dix sièges seront pourvus, et le quotient sera respecté, et tous les votants seront représentés, et tous le seront proportionnellement, et ce sera de bonne arithmétique ; en fin de compte, de bonne politique.

C'est ainsi, et pour cette raison, que ce qu'on appelle le système du quotient entraîne ce que l'on appelle la *liste de préférence.*

Dans cette circonscription, où il y a à élire dix députés, chaque électeur ne peut voter que pour un candidat, mais, afin que son bulletin conserve toute son efficacité, il faut que sa voix puisse éventuellement se reporter d'un candidat qui n'en a plus besoin sur un candidat qui, faute d'elle, est menacé de rester en détresse, ou généralement d'un candidat *préféré* sur un candidat *agréé*. C'est le vote de préférence pour tel candidat, avec vote subsidiaire pour tel autre.

De tous les candidats, c'est B que je préfère, je l'inscris donc en tête de ma liste, mais C ne me déplairait pas et je me rallierais au besoin à D ; je les inscris donc deuxième et troisième. Si ma voix arrive à « mon homme », à B, après qu'il a déjà atteint le quotient de 2000, et si, conséquemment, elle ne peut lui servir, elle sera comptée à C ; si C lui-même a déjà atteint le quotient, D en profitera ; si elle tombe à terre, elle rebondira et ne sera jamais perdue. Il est possible que, par ce procédé, ma voix ne soit pas comptée à qui j'aurais le mieux aimé qu'elle allât, mais je n'en suis pas moins sûr d'être représenté selon mon goût et même selon ma préférence, puisque c'est seulement dans le cas où le candidat que je préfère serait déjà élu que mon vote se rabattrait sur mon deuxième candidat, et seulement dans le cas où le deuxième aussi serait élu, de celui-ci sur le troisième. Mais le scrutin vient d'être clos : le dépouillement va commencer. On extrait de l'urne les bulletins et on les classe par paquets : dans un premier paquet, ceux qui ne portent qu'un nom ; dans un deuxième paquet, ceux qui portent deux noms ; dans un troisième, les bulletins à trois noms ; ainsi de suite. C'est l'ordre logique, et l'ordre des préférences est sauvegardé. Nous faut-il insister encore ? et ne sait-on pas assez maintenant en quoi consiste, sur quoi repose, ce qu'est et ce que vaut le système d'Andræ et de Thomas Hare ?

Il porte, il est assis sur ces deux points : le *quotient*, le *chiffre d'élection* : pour être élu, le candidat doit avoir un chiffre de suffrages égal au quotient de la division du nombre des votants par le nombre des sièges à pourvoir ; et la *liste de préférence* : tout électeur peut inscrire sur son bulletin dix noms quand il y a dix sièges à pourvoir : une voix ne compte qu'à un candidat, mais elle compte toujours à un candidat, toujours au goût de l'électeur, en ce sens que, le quotient une fois atteint par le premier de la liste, les voix de supplément profitent au second et l'aident à se faire élire à son tour ; de même, du deuxième au troisième et jusqu'au dernier de la liste.

Ce n'est pas le scrutin de liste, puisque chaque électeur ne vote valablement que pour un seul candidat, mais c'est un scrutin uninominal dans un *scrutin de liste*, puisqu'il y a dix sièges à attribuer et que chaque électeur peut inscrire, selon l'ordre où il désire aider à l'élection de l'un d'eux, les noms de dix candidats. Ce système admet et réclame soit la division du pays en circonscriptions dont chacune nomme plusieurs députés (et plutôt en un petit nombre de circonscriptions très vastes dont chacune doit élire un certain nombre de députés) soit la réunion du pays tout entier en une circonscription unique, dans le louable dessein de favoriser l'entrée au parlement d'hommes d'une réputation nationale qui n'auraient nulle part d'attaches plus étroites et que ce manque de racines en un coin de terre et de liens autour d'un clocher empêcheraient de réussir dans telle ou telle circonscription locale.

Que le transfert ou le report des voix d'un candidat sur l'autre ait lieu, d'ailleurs, au gré de l'électeur, comme le voulaient Andræ et Hare, ou bien au gré du candidat, s'il avait déclaré d'avance qui il entend faire bénéficier des suffrages qu'il aurait en trop ; quel que soit celui de ces procédés de transfert des voix que l'on choisisse, le vote, dans le système du quotient et de la liste de préférence, est individuel et personnel : il est un classement, un rangement de personnes. On ne soutiendrait pas, évidemment, que les partis n'y sont pour rien ni que l'élection n'a aucune couleur politique ; mais c'est la personne qui passe devant ; le parti ne passe qu'avec la personne, et c'est du goût ou de l'estime pour les personnes que dépend surtout la représentation des partis.

Dans ce système, sur le bulletin, le parti n'est pas exprimé, il est sous-entendu ; si la représentation est proportionnelle, elle l'est par rapport aux sympathies pour les personnes, plutôt que par rapport aux partis en tant que tels. Et c'est afin de parvenir à une représentation vraiment proportionnelle des partis, sans toutefois supprimer ce qu'il doit y avoir de « personnel » dans l'élection, que l'on a imaginé un autre système, plus difficile, on ne le dissimule guère, à appliquer ou même à expliquer, et dont le nom seul a l'on ne sait quoi qui n'attire pas : le système *de la concurrence des listes avec double voie simultané.*

3° *Concurrence des listes et double vote simultané.*

D'abord, la *concurrence des listes.* Le principe en est celui-ci : chaque parti peut présenter une liste de candidats ; chaque liste a autant d'élus qu'elle atteint de fois le quotient. Les listes doivent être déposées dans un délai donné avant le jour de l'élection. Elles portent, chacune, un nombre de candidats égal ou inférieur au nombre de sièges en jeu. Le scrutin clos, on commence par procéder ainsi que dans le système de Thomas Hare : on cherche le quotient, le mètre électoral, en divisant le chiffre total des votants par le chiffre des sièges. Soient 100 000 votants et dix sièges : le quotient de 100 000 divisé par dix est de 10000. Cela fait, il faut déterminer combien de sièges reviennent à chaque liste. On divise alors le nombre total de voix que chacune d'elles a obtenues par le quotient ou chiffre d'élection. Deuxième opération. Soient quatre listes ayant l'une 40 000. l'autre 30 000, l'autre 20 000, l'autre 10 000. Elles devront avoir l'une quatre sièges, l'autre trois, l'autre deux et la dernière un siège.

Ensuite, le *double vote simultané.* La proportion est, de la sorte, réglée entre les listes, dont chacune a sa part. Il s'agit maintenant de décider à quels candidats de chaque liste seront nominativement attribués les sièges qui reviennent au parti. Dans le système d'Andræ et de Hare, l'ordre des noms sur la liste faisait tout : était élu quiconque atteignait le quotient, le premier élu étant le candidat qui figurait seul ou le premier sur le plus grand nombre de bulletins. Dans le système de la concurrence, pour la répartition des sièges entre les candidats de chaque liste, l'ordre d'inscription ne fait rien : sont élus ceux qui, sur chaque liste, ont recueilli le plus grand nombre de suffrages : les quatre candidats qui ont obtenu le plus de voix, si le parti a droit à quatre sièges ; celui qui a obtenu le plus de voix si le parti n'a droit qu'à un siège seulement.

Dans ce système, donc, l'électeur, en votant, vote, à la fois et d'un coup, pour une liste à qui sa voix sera comptée quand on répartira les sièges entre les listes, et pour un, deux ou plusieurs candidats, à qui sa voix sera comptée quand on répartira les sièges entre les candidats portés sur chaque liste. Il exprime en même temps et ses préférences de parti, puisqu'il donne sa voix à telle liste, et ses préférences personnelles, puisqu'il donne sa voix à tels et tels candidats de la liste, sans être forcé de la donner à tous ; puisqu'il peut même, comme disent les Belges et les Genevois, *panacher*, ou voter pour un ou plusieurs candidats qui ne sont pas de sa liste, ou qui ne sont d'aucune liste, sans craindre de nuire à son parti dans la répartition des sièges, le vote de parti étant, quoique simultané, distinct, en ce procédé, du vote personnel. C'est, à la fois et d'un coup, le vote de parti et le vote personnel : c'est « le double vote simultané » dans « la concurrence des listes ».

4° *Diviseur commun. Chiffre répartiteur.*

Mais il est possible et il est fréquent que la somme des voix obtenues ne soit pas exactement divisible par le quotient ou chiffre d'élection, qu'il y ait un excédent et qu'un ou plusieurs sièges demeurent non pourvus. A qui et comment les donner ? Au bénéfice de l'âge ? au sort ? au parti le plus favorisé ? au parti le moins favorisé ? à la liste qui a le plus fort total ? à celle qui a le plus fort reste ? Ce sont là des expédients qui s'éloignent fort de la justice et de la vérité rêvées ; qui font, au dernier pas, retomber dans le relatif, dans le contingent, dans l'empirisme, dans l'arbitraire que l'on fuyait, et dont certains ne constituent guère moins qu'une contradiction avec le principe même de la représentation proportionnelle. Il doit donc y avoir une vérité plus vraie, une justice plus juste, un procédé plus mathématique que le procédé du quotient, qui permette ou de faire disparaître l'excédent ou de l'abaisser au minimum. Oui, a répondu M. d'Hondt, un professeur de l'université de Gand, il existe, on effet, ce procédé plus mathématique : au lieu du simple quotient, cherchons le *commun diviseur*.

Et il a cherché le commun diviseur. Soit, disait-il, une élection pour trois députés avec trois listes qui recueillent l'une 1550 l'autre 750, la troisième 700 voix (en tout 3 000). Si l'on s'en tient au système du quotient, la première liste n'aura qu'un député, parce que le quotient 1 000 n'est contenu qu'une fois dans 1 550, et chacune des deux autres en aura un, parce que 750 et 700, bien qu'inférieurs au quotient 1000, sont supérieurs à 550, fraction qui reste à la première liste. Vainement elle aura réuni un nombre de voix plus que double ; il ne lui servira de rien ; en fait, son représentant sera élu, avec 1550 voix, mais les députés de la deuxième et de la troisième liste le seront, eux aussi, l'un par 750, l'autre par 700 voix. 1 000 n'est donc plus que le quotient théorique : le quotient réel et effectif est seulement de 750 pour le deuxième siège et de 700 pour le troisième.

Eh bien, au lieu de ces mesures diverses, de ce chiffre d'élection trop élastique, de ce mètre électoral qui s'allonge et se raccourcit, ce qu'il faut trouver, c'est une commune mesure, un chiffre répartiteur invariable, un mètre électoral fixe comme le mètre de longueur, et qui soit le même pour toutes les listes et tous les sièges, pour tous les candidats et tous les partis. Encore plus, toujours plus de vérité et de justice ! encore et toujours plus d'arithmétique ! Ce mètre électoral d'un inaltérable métal, cette mesure unique et égale pour tous, on les déterminera en divisant le nombre de voix qu'ont respectivement obtenu les différentes listes par 1, 2, 3, 4 et ainsi de suite ; en comparant les quo-tiens donnés et en les rangeant selon Tordre de leur importance. Le quotient qui occupe le rang correspondant au nombre des sièges est le chiffre *diviseur* ou *répartiteur.*

Reprenons nos trois listes de 1550, 750 et 700 voix. Les quotients seront :

en divisant par 1 = 1 550, 750, 700 ;

en divisant par 2 = 775, 375, 350.

Il y a trois sièges à pourvoir : les quotients rangés selon l'ordre de leur importance, 1550, 775, 750, c'est le troisième ou 750, qui sera le chiffre répartiteur ; 750 est contenu deux fois dans 1550 : la première liste aura donc deux représentants ; une fois dans 750 : le deuxième parti aura le troisième siège ; quant à la troisième liste, qui n'atteint pas le chiffre répartiteur, elle sera exclue de la répartition. De même pour cinq sièges, sept sièges, dix sièges, etc.

Trouver le diviseur commun et s'en servir comme de chiffre répartiteur, tel est le fond du système de M. d'Hondt, le plus parfait ou le plus voisin de la perfection mathématique de tous les systèmes connus de représentation proportionnelle, — et l'on sait si nous en manquons ! et si, depuis un demi-siècle qu'il en fut question pour la première fois, la naturelle curiosité de l'esprit humain s'y est donné libre carrière, toute fantaisie débridée, en prenant à son aise, avec ce grand problème de la politique, ni plus ni moins qu'avec de petits jeux de société !

Tous ces systèmes de représentation proportionnelle, nous les avons ramenés à trois : 1° système d'And ne et de Thomas Hare, quotient et liste de préférence ; 2° système de la concurrence des listes et double vote simultané ; 3° enfin, système de M. d'Hondt, diviseur commun. Mais, à vrai dire, ce ne sont pas des systèmes, ce sont des catégories ou des types de systèmes. Chacun d'eux a ses variantes, comme une planète, ses satellites. Et nous n'avons même pas mentionné Condorcet et « la simple pluralité » avec ou sans minimum, ni Borda et le système du vote gradué ou des suffrages décroissais, ni l'amendement que voulaient y apporter les Francfortois Burnitz et Warentropp, ni la liste unique avec quotient unique d'Emile de Girardin, ni la liste unique avec quotient unique et report des voix de M. Campagnole, ni M. S. de la Chapelle et le système de la liste fractionnaire, ni M. Pernolet et le quotient d'élimination, ni tant d'autres, et encore tant d'autres ! La représentation proportionnelle a ce malheur qu'on ne peut traiter d'elle et être clair sans renoncer à être complet, ni traiter d'elle et être complet sans cesser d'être clair. Ah non ! ce ne sont pas les systèmes qui manquent ! loin de là ; il y en a trop, pour qu'il y en ait un bon ! Et l'on dirait que leurs auteurs ont pris plaisir à se réfuter mutuellement !

Tel proportionnaliste convaincu, membre actif d'une société de propagande, rejette la liste unique, repousse la liste fractionnaire, écarte la liste de préférence, n'est qu'à demi satisfait du quotient avec transfert des voix, préférerait le chiffre répartiteur, mais en y adjoignant un quotient d'élimination, en les mêlant ensemble et en amendant la mixture. Le plus parfait de ces systèmes, on ne craint pas de le répéter, ou le plus voisin de la perfection mathématique, celui de M. d'Hondt, celui-là même ne trouve pas grâce, non pas devant les adversaires, mais devant les amis zélés de la représentation proportionnelle. Il est en butte aux attaques ou aux critiques : et de ceux qui le proclament « savant », mais démontrent qu'il n'est point, pour cela, infaillible ; et de ceux qui, lui reprochant d'exiger tant de divisions successives, tant de quotients alignés par rang de taille, le jugent plus savant qu'il ne conviendrait : — « Pourquoi courir après le diviseur commun lorsqu'il suffit d'une règle de trois ? » — et de ceux, enfin, qui ne le jugent pas assez savant et travaillent à le rendre plus arithmétique, plus géométrique et plus algébrique encore ! Mais, savant, trop savant, ou pas assez savant, quotient ou chiffre répartiteur, commun diviseur ou règle de trois, ce sont bien des affaires pour le suffrage universel !

Et c'est très vraisemblablement parce que ce sont trop d'affaires pour lui, que la représentation proportionnelle n'a pas, malgré tout ce qu'on voudra prétendre, poussé, après cinquante ans de prédication et de discussion, de plus profondes racines dans le champ, si souvent retourné, de la législation électorale.

On nous cite victorieusement les *school-boards* d'Angleterre, le Danemark, le Portugal, l'Espagne, quelques cantons suisses, certains Etals de l'Union américaine, Buenos-Ayres et le Brésil. Mais l'élection aux *school-boards* est-elle donc une élection politique ? En Danemark, la représentation proportionnelle s'applique bien aux élections politiques, mais, sans donner d'autres raisons, tirées de la nature et de la position réciproque des partis, le système d'Andræ n'y est en vigueur que pour la nomination des membres de la Chambre haute par des électeurs du second degré dont la moitié est elle-même élue par des électeurs censitaires. En Portugal, l'expérience du vote limité s'est bornée, pour la seconde Chambre, à 21 collèges électoraux sur 100 ; en Espagne, y compris Cuba et Puerto-Rico, 369 collèges élisent 445 députés, c'est-à-dire que le vote limité ne fonctionne que dans un petit nombre de circonscriptions. Les cantons suisses sont placés dans des conditions toutes spéciales et ne sauraient prêter argument pour des pays qui ne sont pas la Suisse, puisque les élections politiques elles-mêmes y ont toujours quelque chose de local et presque de communal.

Dans les Etats ou territoires de l'Union américaine, Pennsylvanie, New-York, Illinois, Californie, Virginie occidentale, Utah, Missouri, quoique l'on ait admis, pour les élections politiques, ici le vote limité et là le vote cumulatif, on les a pratiqués surtout ou pour des élections municipales ou pour la formation de bureaux électoraux, ou pour l'élection des juges, ou pour celle des conseils d'assistance publique, ou pour celle des conseils des sociétés par actions. — Buenos-Aires ! ajoute-t-on, et le Brésil ! Mais le Brésil réaliserait-il l'idéal de la paix et de la stabilité dans le régime représentatif ? et doit-on offrir Buenos-Aires en modèle à toutes les républiques parlementaires ?

Puis, que cite-t-on encore ? L'île de Malte ! le cap de Bonne-Espérance ! la Nouvelle-Galles du Sud ! Mais on ne cite pas un exemple topique et décisif d'un grand État européen. En revanche, on citerait l'exemple topique en sens contraire de deux grands Etats, au moins, qui ayant fait l'essai, aux élections politiques, du vote limité, bâtard de la représentation proportionnelle, l'ont abandonné assez vite, ou ne l'ont gardé, l'un, l'Angleterre, que pour l'élection administrative des conseils d'école, l'autre, l'Italie, que pour les élections municipales.

D'où vient cette froideur envers la représentation proportionnelle ? Si c'est la vérité et la justice, d'où vient que les hommes et les peuples, dont on a dit qu'ils ont soif de justice, d'où vient qu'ils ne courent pas, qu'ils ne se ruent pas de leur puissant élan vers elle ? C'est, sans nul doute, qu'on ne lui a pas su donner une expression frappante, saisissante ou tout bonnement intelligible pour les masses que l'Etat moderne met en action et qui, à leur tour, l'actionnent.

Que voulez-vous que dise à la moyenne des électeurs le système de « la concurrence des listes avec double vote simultané » ? Et le diviseur commun, à des gens qui ne comptent que péniblement sur leurs doigts et parmi lesquels il en est et il en sera longtemps encore beaucoup qui ne savent ni lire ni écrire ? C'est pour eux comme un grand cliquetis de mots inconnus dans une épaisse nuit : ils n'y voient et n'y entendent goutte ! Ce sont pour eux termes de sorcellerie et lettres aussi hermétiques que les cinq syllabes d'*abracadabra* ! — Mais, réplique-t-on, il n'est pas nécessaire que les électeurs comprennent : aux électeurs on ne demandera rien de plus ou peu de chose de plus qu'à présent ; et des scrutateurs seuls on attend davantage, peu de chose aussi : une règle de trois ou quelques pauvres divisions ! Mais où prend-on les scrutateurs, si ce n'est entre les électeurs ? et songe-t-on à recruter un corps de scrutateurs professionnels ?

On rédigera, comme on l'a déjà fait, un catéchisme « de la vraie représentation » en soixante et une questions et réponses. Mais ceux qui l'auront rédigé seront les seuls à l'avoir lu et, en tout cas, à l'avoir appris. Est-ce donc un adversaire, ou n'est-ce pas encore un ami et même un apôtre de la représentation proportionnelle qui s'écriait ironiquement : « Je voudrais voir l'effet sur nos paysans de la formule de M. d'Hondt ! » Et il avait raison ; mais il ferait beau voir l'effet de sa formule, à lui, et de toutes les autres, on ne dit pas sur des paysans, mais sur des électeurs plus instruits que les paysans, et justement sur cette classe d'électeurs où d'habitude sont pris les scrutateurs, à la campagne du reste, ou dans les villes !

Trop de systèmes et pas un bon ; trop de formules et pas une brève, nette, incisive et impérative ; des théorèmes, des démonstrations, des divisions de divisions, et comme de l'extrait concentré, de la quintessence d'arithmétique. Justice et vérité se perdent sous cette enveloppe de mystère. Mais supposez un coup de lumière ; supposez éclairci ce qui ne l'est pas, découvert le système qu'on cherche et trouvée la formule que l'on réclame ; supposez que ce qui nous semble, pour l'instant, impossible soit devenu possible et même facile ; que la représentation proportionnelle s'explique et s'applique aisément — toutes les objections qui se dressent contre elle n'en seront pas ruinées ; il n'y aura de détruite que la première, celle qui se l'onde sur la diversité des systèmes et l'obscurité des formules ; — et c'est, à notre avis, la moins forte de toutes.

III. — LA REPRÉSENTATION PROPORTIONNELLE DANS SES EFFETS

Supposez donc que la représentation proportionnelle est établie et qu'elle fonctionne à souhait. Les électeurs émettent en pleine conscience de leurs droits un double vote simultané ; les scrutateurs se font un jeu de déterminer le diviseur commun. Ou bien, pour ne pas hasarder une hypothèse aussi hardie et ne pas croire trop légèrement à un progrès qui tiendrait du miracle, contentons-nous d'admettre que les citoyens les plus teintés de mathématiques se dévouent à ces calculs électoraux ; que les autres adoptent par routine le double vote simultané, comme ils avaient, par routine, adopté le vote pur et simple ; et qu'ainsi, tous faisant à peu près ce qu'il faut, la représentation proportionnelle marche du mieux que puissent aller les institutions politiques : à peu près bien. Ce ne sera pas assez qu'elle fonctionne pour qu'on la juge, car on ne juge pas une machine rien que sur la régularité de sa marche, mais aussi et principalement sur la qualité de son travail — laquelle se voit au produit. Cette machine perfectionnée de la représentation proportionnelle pourra marcher, on l'accorde ; mais comme travail, comme produit, que rendra-t-elle ?

Ceux qui l'ont construite et montée nous promettent plusieurs avantages, dont le plus général et le plus précieux serait plus de justice et de vérité dans le régime représentatif ; plus de sincérité, de bonne foi et de bon sens encore. On ne verrait plus, nous affirment-ils, de ces alliances qui confondent la raison, de ces coalitions immorales où les extrêmes se touchent et où les contraires se marient, pressés par la nécessité de former, à tout prix, une majorité, puisque la majorité seule existe et qu'être en minorité d'une voix, c'est ne pas être. Avec la représentation proportionnelle, les minorités existeraient ; être en minorité d'une voix n'empêcherait pourtant pas d'être et chaque minorité, pouvant rester elle-même, ne s'irait point noyer dans une minorité plus importante, mais opposée et en quelques points ennemie, pour former avec elle une majorité hybride, sans cohésion et sans dignité. Le système actuel de la majorité brutale coûte aux minorités ou l'honneur ou la vie ; la représentation proportionnelle leur laisserait la vie et l'honneur. Ainsi parlent les partisans du système nouveau, et en cela déjà ils exagèrent peut-être non la gravité de notre mal, mais le mérite de leur remède. Que ces coalitions paradoxales, avec la représentation proportionnelle, soient moins nécessaires, et, partant, qu'elles soient plus rares, on ne songe pas à le contester. Mais qu'elles disparaissent tout à fait, ne serait-ce pas espérer au-delà des espérances permises, puisque les minorités, pour être représentées, doivent atteindre un certain chiffre et que, pour atteindre ce chiffre, il faut à quelques-unes d'entre elles s'entendre, transiger et fusionner ensemble ?

De même pour la seconde promesse des partisans de la représentation proportionnelle. Ils nous disent qu'une fois leur système accepté, comme tous les électeurs ou presque tous, tous ceux qui appartiennent à un parti classé, seraient, à tout événement, sûrs d'être représentés, il n'y aurait plus d'excuse aux abstentions et que, partant, le nombre en diminuerait naturellement. Cela encore peut être regardé comme possible dans une certaine mesure, en tant, précisément, que la complication de la formule n'effraierait pas les électeurs et ne se changerait pas elle-même en une cause d'abstention.

En outre, — et c'est la troisième promesse de la représentation proportionnelle — parce que, dans le système grossier et oppressif de la majorité, ce sont les plus calmes, les plus réfléchis qui s'abstiennent et parce que, dans le système qui lui serait substitué, ils n'auraient plus de motifs de s'abstenir, la politique y prendrait des allures modérées et le courant s'en rectifierait ; elle ne connaîtrait plus ni bouleversements, ni revirements subits, ni affolements de boussole, ni brusques changements de route.

Voilà ce que nous promettent les amis de la représentation proportionnelle et peut-être s'avancent-ils un peu trop ; peut-être, encore une fois, en faut-il rabattre. Ce serait une vérité et une justice plus grandes qu'aujourd'hui ; mais ce ne serait que plus de vérité et plus de justice, non pas toute la justice et toute la vérité, puisque pour une voix de moins que le quotient, des fractions considérables d'électeurs pourraient n'être pas représentées. Et, quand même tous ces avantages : moins de coalitions, moins d'abstentions, moins de surprises et comme d'explosions dans la politique, la représentation proportionnelle nous les assurerait tout entiers, il y aurait des vices ou des infirmités du système actuel qu'elle ne guérirait pas et d'autres qu'elle empirerait.

Elle ne supprimerait ni ne diminuerait la corruption électorale ; elle ne mettrait pas obstacle, par elle-même, aux ingérences abusives de l'administration ; elle ne purifierait pas les élections, n'en expulserait pas ou n'y neutraliserait pas ces éléments de perturbation qui les faussent. Si le système adopté était celui de la concurrence des listes, à cause de la rigoureuse discipline que les partis devraient observer et de l'obligation de déposer à l'avance une liste officielle de candidats, elle accroîtrait la puissance des comités : les politiciens demeureraient nos rois. Et, par-dessus le reste, que d'occasions d'erreurs, si ce n'était de fraude, en cette interminable série d'opérations !

Au résumé, deux des inconvénients du système actuel, la corruption mutuelle de l'électeur par l'élu et de l'élu par l'électeur, d'une part, et, d'autre part, la pression administrative, la représentation proportionnelle ne nous en délivrerait pas ; mais par contre, elle nous livrerait, plus encore que nous ne le sommes, au caprice des comités, leur donnât-on une forme ou une apparence légale, et elle ouvrirait à l'erreur, à la fraude, autant d'accès qu'elle comporterait de calculs et de manutentions de bulletins.

Toutefois, ce ne sont encore, contre la représentation proportionnelle, que des arguments médiocres. Elle ne nous délivrerait pas des maux qui, depuis l'origine, s'attachent au suffrage universel : mais, cette incapacité, est-ce exclusivement la sienne, et qui ? et quel système nous en délivrera ? Faites la balance de ses avantages probables et de ses inconvénients probables : et vous pourrez trouver que, jusqu'ici, il y a compensation. Mais seulement jusqu'ici, car il y a, contre la représentation proportionnelle, telle que la présentent ses adeptes, des arguments de grand poids, suivant nous, et qui paraissent décisifs. Je dis : telle qu'ils nous la présentent. Leur construction, en effet, est patiemment édifiée-et, au-dessus de terre, bien jointe et de lignes harmonieuses. Mais le point faible est en terre, dans les substructions.

Ces architectes politiques ont le défaut de tous les architectes : ils oublient des choses essentielles, et au moins trois choses. L'une, comme on l'indiquait en posant la question, c'est que la première qualité d'un régime, quel qu'il soit, est de permettre au gouvernement de gouverner. Dans le régime parlementaire, déjà, la tâche n'est pas si commode ! Mais combien moins elle le serait, si, ce régime restant ce qu'il est, on décidait d'y introduire la représentation proportionnelle ! Les Chambres actuelles usent bien des mois et bien des ministères à dégager d'elles-mêmes une majorité, et quand elles y sont parvenues, un tour de main suffit à tout démolir. Et pourtant, actuellement, pour chaque siège attribué, il y a une ou plusieurs minorités non représentées, et absentes des Chambres.

Que serait-ce, lorsque, toutes les minorités ayant, dans les Chambres, des représentants, les unes plus et les autres moins, il n'y aurait plus, en dernière analyse, que des minorités juxtaposées, la plus nombreuse ne l'emportant pas assez pour former même le noyau solide ou le pivot résistant d'une majorité ! Le gouvernement s'épuiserait à pétrir et à malaxer ces pâtes molles, que mineraient et désagrégeraient toujours des ferments de dissociation. Que se vante-t-on d'avoir empêché les coalitions immorales ! On n'aurait fait que de les déplacer. Ce ne seraient plus les partis qui les négocieraient et les noueraient entre groupes électoraux, mais ce serait le gouvernement, entre groupes parlementaires ; — disons-le, ce serait le gouvernement qui se ferait le grand maquignon, l'agent commissionné de l'immoralité politique.

Et non seulement il ferait cela, mais il n'aurait ni le temps ni le pouvoir de faire autre chose. Il serait à jamais condamné à ce stérile effort de l'art pour l'art : faire une majorité pour la faire, mais non pour s'en servir ; puisque, dès qu'il voudrait s'en servir, il la déferait. Si peu accusées, si peu stables, si mal ébauchées et si chancelantes que soient dans le Parlement les majorités actuelles, quand il s'en rencontre, elles sont fermes de matière et de dessin comme un marbre de Michel-Ange, à côté de celles qu'on extrairait, si l'on pouvait les en extraire, des multiples minorités dont se composeraient les Chambres avec la représentation proportionnelle. Dieu nous garde, s'il n'est pire tyrannie que l'anarchie, de verser, de la tyrannie de la majorité, dans l'anarchie des minorités ! Là est le péril, et c'est ce qui fait que, sauf peut-être une ou deux exceptions, la représentation proportionnelle n'a fait aucune recrue parmi les hommes d'État contemporains, parmi ceux qui, au gouvernement, ont, plus que le souci de se maintenir, l'ambition de diriger.

Oserait-on répondre qu'il n'importe, et que tout est bien, si toutes les minorités sont représentées et le sont en proportion de leur force numérique ? Ce serait se tromper étrangement sur ce qu'est dans l'Etat moderne le régime représentatif. Il n'est pas seulement le régime représentatif, mais le régime parlementaire. Il n'a pas pour fin unique la représentation, et même ce n'est pas tout son objet, ou ce ne sont pas ses seuls objets que la représentation et la législation. Le régime parlementaire a dans l'Etat moderne une triple fin : la représentation, la législation et le gouvernement. Ne retenir que la représentation, c'est oublier la seconde des choses qu'oublient les partisans de la représentation proportionnelle, à savoir que l'Etat n'est pas fait uniquement pour les individus.

Dire que tout sera bien dans ce régime lorsque tous les partis y seront proportionnellement représentés, c'est ne considérer l'Etat que du point de vue de l'individu. C'est une conception incomplète et en quelque sorte unilatérale. Pour que ce fût assez que le régime donnât une meilleure représentation, il faudrait que les attributions des Chambres fussent de beaucoup réduites, qu'elles ne fussent plus ou fussent peu législatives et que l'on prît en dehors d'elles le point d'appui, la base du gouvernement. S'il en était ainsi, l'idéal pourrait être dès lors une représentation mathématiquement juste.

Et néanmoins, même s'il en était ainsi, la représentation proportionnelle, telle qu'on nous la présente, satisferait-elle à cet idéal ? Qu'est-elle donc ? Il faut lui restituer son titre tout au long. Elle est, et elle n'est que la représentation proportionnelle *des opinions*. Des opinions, c'est-à-dire de ce qu'il y a de plus mobile, de plus fuyant, de plus insaisissable, de plus irréductible à un petit nombre de catégories, de ce qui peut le moins être fixé, inventorié, coté et classé. La représentation proportionnelle des opinions ! Mais s'imagine-t-on, en vérité, que tous les citoyens aient une opinion ? Croire que tout le monde a, en politique, une opinion arrêtée et immuable, une règle de conduite politique dont nulle circonstance ni nulle aventure ne le fait départir, n'est-ce pas une idée de politicien ?

Ces milliers et ces milliers de citoyens qui n'ont pas d'opinion, ou qui changent d'opinion, qui tantôt votent blanc, tantôt votent noir et tantôt ne votent point, qui émigrent d'un parti dans l'autre ; ceux qui forment cet *élément neutre* qui est l'immense majorité de toute nation, la représentation proportionnelle les néglige délibérément, mais ils s'en vengent en la rendant impraticable. Par eux les suffrages s'éparpilleraient et les opinions crouleraient de toutes parts, s'échapperaient des quelques cadres où l'on aurait la prétention de les contenir. Mais enfin, soit ; on enfermerait toutes les opinions, et même toutes les fantaisies en ces quelques cadres ; on donnerait de la représentation une formule mathématique ; est-ce que dans ces cadres et dans cette formule on aurait enfermé la vie ?

Nous ne disons pas encore la vie nationale, la nation vivante, mais la vie de chacun de nous, l'individu vivant. L'opinion politique, est-ce tout l'homme ? Non, certes, lorsque l'on aurait enfermé toutes les opinions dans ces formules mathématiques, on n'y aurait pas enfermé tout l'homme et toute la vie. C'est la troisième chose oubliée par les amis de la représentation proportionnelle. Le régime qu'ils nous offrent ne refléterait qu'une face, ne serait représentatif que par rapport à une partie de la vie et de l'homme. Ces formules mathématiques n'embrasseraient et n'épouseraient jamais toutes les formes vivantes. Numériques ou mathématiques, elles ne seraient pas organiques ; elles ne seraient que numériquement proportionnelles et ne le seraient pas organiquement. Et, à tout prendre, si ce n'est pas un abus de langage, d'employer dans ce sens le verbe « organiser », ce qu'organiserait la représentation proportionnelle ainsi entendue, ce n'est pas le corps électoral ; ce n'est pas le suffrage universel : ce n'est que le dépouillement du scrutin. Elle ne ferait pas des groupes d'hommes et des groupements de forces ; elle ne ferait que des paquets de bulletins.

Or, ce qu'il faut organiser, et, cette fois, dans la plénitude du sens, c'est le corps électoral lui-même, c'est le suffrage universel *en soi*. Il faut l'organiser pour le bien de l'individu et poulie bien de l'Etat, en vue de cette triple fin : la représentation, la législation, le gouvernement ; de manière que le gouvernement soit le plus stable, la législation la plus éclairée, la représentation la plus fidèle qu'il est possible — fidèle et compréhensive : qu'elle enferme le plus possible de l'homme et de la vie, qu'elle soit proportionnelle non seulement aux opinions qui ne sont de nous qu'une minime partie, mais à tout ce qui est, en nous, humanité, vie et force sociale.

Généralement, à la représentation proportionnelle des opinions, c'est la représentation des intérêts que l'on oppose ou que l'on préfère ; et il n'est pas niable que l'intérêt soit plus tangible, moins versatile, plus saisissable que l'opinion, et que l'intérêt meuve bien des hommes que l'opinion n'émeut pas. Mais ce n'est encore qu'une partie de nous-mêmes ; un régime représentatif fondé exclusivement sur l'opinion serait exclusivement politique ; exclusivement fondé sur l'intérêt, il serait exclusivement économique, tandis que la représentation, dans l'Etat moderne, doit être tout ensemble politique et économique ; d'où il suit que, s'il se peut, elle doit être fondée tout ensemble sur l'opinion et l'intérêt, être proportionnelle tout ensemble aux opinions et aux intérêts, et, ainsi, contenir davantage de l'homme, de la vie, de la nation et de la société.

Et généralement aussi, l'on distingue deux phases dans l'histoire du régime représentatif : l'ancienne, presque partout entrée dans le passé, où c'était le groupe qui était représenté, comme les comtés et les bourgs d'Angleterre, ou les villes de l'Empire, ou les Etats chez nous ; l'autre, nous y sommes à présent, où, comme en France, depuis la Révolution, c'est l'individu, qui est représenté, lui seul, abstrait de tout ce qui l'entoure et jeté, en quelque sorte, hors de sa propre vie. Mais ne peut-on pas concevoir une troisième phrase, définitive ou plus durable, où l'individu compterait et où le groupe compterait, où serait représenté l'individu dans le groupe ? Et, si l'on peut concevoir un pareil régime, est-il impossible de le réaliser ?

Nous ne croyons ni que ce soit impossible ni que ce soit au-dessus de ce que l'on peut raisonnablement entreprendre, et dès aujourd'hui pour demain. Nous savons ce qu'il faut chercher et où il faut chercher : la vie dans la vie et l'organisation du suffrage dans la nation organisée. Lorsque la représentation nationale reproduira la vie de la nation et les différents facteurs de cette vie proportionnellement à ce qu'ils y sont et à ce qu'ils y font, — elle sera vérité et justice — non point peut-être vérité jet justice mathématiques, vérité absolue et absolue justice, mais vérité et justice politiques — et d'une institution politique, il serait décevant d'attendre de l'absolu. Comment donc la représentation nationale peut être moulée et modelée sur la vie nationale, c'est ce que nous allons maintenant essayer de montrer.

Ici est close la première partie de ces études, partie critique et négative. Passant en revue l'un après l'autre expédients, combinaisons et systèmes, nous espérons avoir fait voir qu'aucune de ces prétendues solutions n'était la vraie solution, si l'on s'y tenait étroitement et si d'abord on ne la vivifiait point par un principe. Mais ce principe, nous espérons aussi l'avoir fait au moins entrevoir : il ne s'agit plus que d'en suivre le développement pratique, étant observé que, chemin faisant, on ne s'interdit pas de reprendre en tel ou tel des expédients, des combinaisons ou des systèmes, improductifs sans ce germe de vie, ce qu'avec lui on en pourrait féconder et utiliser.

Notre première conclusion est celle-ci : il n'y a, à la crise de l'Etat moderne, d'autre solution que de substituer au suffrage universel inorganique le suffrage universel organisé. Et la question est désormais : d'après quoi, pratiquement et légalement, sera organisé le suffrage universel à substituer au suffrage inorganique ? D'après quoi, et sur quoi organiser le suffrage universel — afin que, si la démocratie est une mer montante, comme le disent ses poètes lyriques (car elle en a) ce soit une mer qui n'ait que des marées et qui n'ait pas ou n'ait que peu de tempêtes ? — afin que, si, comme nous le disons, la nation est un être vivant, que la représentation doit reproduire en abrégé, les élections, loin de tout secouer et ébranler en de fiévreux accès, ne soient, à intervalles égaux, que comme le souffle paisible et sain, comme la respiration normale du pays ?

V. LA REPRÉSENTATION RÉELLE DU PAYS

Une Chambre des députés élue au suffrage universel direct par tous les citoyens, égaux, mais répartis, suivant leur profession, en un petit nombre de catégories très ouvertes, en trois ou quatre groupes très larges, embrassant tout le monde, ne laissant personne dehors, ne souffrant ni d'exclusion ni de privilège, chacun de ces groupes devant tirer de lui-même son représentant ; avec une double circonscription : la circonscription territoriale, déterminée par le département, et la circonscription sociale, déterminée par la profession ; — un Sénat, dont les membres seraient nommés, dans chaque département : pour un tiers, par et parmi les conseils municipaux ; pour un deuxième tiers, par et parmi les conseils généraux ; pour le dernier tiers, par et parmi ce qu'il est de droit ou de coutume d'appeler les corps constitués ; — *l'individu* représenté à la Chambre, mais dans le *groupe professionnel*, et, au Sénat, les *unions* représentées, unions locales, administratives et civiles que la loi énumérerait : — ainsi, nous semble-t-il, pourrait-on (sans préjudice d'autres réformes qui, toutes, resteraient réalisables, dont plusieurs en seraient rendues plus faciles, et quelques-unes même deviendraient nécessaires) organiser le suffrage universel, et avec lui, sur lui, construire enfin ou, en un certain sens, achever l'Etat moderne.

Et ce serait bien *organiser* le suffrage universel, l'organiser profondément, jusque dans la personne de l'électeur, puisque, de l'abstraction que cet électeur est à présent, on referait un homme qui aurait sa place marquée et qui tiendrait à d'autres hommes ; ce serait bien construire l'Etat moderne, puisque le vide se trouverait comblé entre l'individu et l'Etat, reliés l'un à l'autre par leurs intermédiaires naturels. Toutes les qualités que doit avoir, toutes les conditions auxquelles doit répondre le suffrage universel, support et moteur de l'Etat moderne, on n'aurait pas grand'peine à montrer que, organisé de la sorte, il les réunirait, autant qu'arrangement légal et institution politique peuvent les réunir ; c'est-à-dire que, à peu près toutes et toutes à peu près, il les présenterait. Car il importe de ne se point faire d'illusions, de n'en point donner et de ne pas promettre, des vertus d'un système, plus qu'aucun système ne saurait tenir. Mais si, comme il est évident d'ailleurs, c'est relativement et par comparaison qu'il convient de juger de la valeur des arrangements légaux et des institutions politiques, pourquoi craindrait-on d'avancer que le suffrage universel organisé serait au suffrage [universel inorganique ce que l'ordre est au désordre ? et que le régime représentatif issu de lui serait à notre parlementarisme décadent ce qu'une démarche ferme et calme est aux sautillements de l'ataxie ou aux contorsions de l'épilepsie ?

Reste l'argument, à la fois méprisable et redoutable, de quiconque n'en trouve pas d'autre : « Oui, sans doute, ce serait préférable à ce que nous avons ; mais, malheureusement, ce n'est pas pratique. » Tout de suite, ici, il faut s'expliquer. Si par « pratique » on entend « praticable quand on le voudra », nous prouverons de la manière la plus positive qu'il n'y a, dans les changements proposés, rien qui ne soit parfaitement pratique. Si, maintenant, ce mot signifie qu'une pareille idée n'est pas d'une application immédiate et ne serait adoptée par les Chambres ni aujourd'hui, ni même demain — eh ! certainement ! Ni aujourd'hui, ni même demain, les politiciens des deux Chambres ne se résoudront à voter un projet où il n'est question que de leur mort. Ce serait, pour eux, comme l'envoi du cordon en Turquie ou du sabre au Japon : l'Orient seul a encore de ces obéissances ou de ces dévouements, et il commence à s'en fatiguer ; l'Occident ne les connaît plus, si jamais il les a connus. Il n'y a donc pas à compter sur une soudaine poussée de scrupules, sur une subite illumination de conscience, qui, dans une seconde et non moins mémorable nuit du 4 août, inclinerait et obligerait presque nos politiciens à un suicide que de si nombreuses raisons, et de si bonnes pourtant, justifieraient.

Il serait chimérique, on l'avoue, de s'en remettre de ce soin à un parlement médiocre et égoïste, incapable de voir et d'entendre au-delà des couloirs où il s'agite ; qui se noie en de petites intrigues, ne se raccroche qu'à de petites passions, se fait à lui-même une atmosphère artificielle où tout se rétrécit et se dessèche, professe que la terre tourne, puisqu'il y a un ministère, et ne sent pas qu'il a coupé ses communications avec la vie. Mais ce n'est pas être trop naïf et prêter à rire à ceux qu'aveugle et assourdit la possession d'état que de compter sur une force qui, après tout, mène le monde : la force des choses. — Force indéfinie et indéfinissable, faite des fautes des uns et du dégoût des autres : avec laquelle conspirent, en tout temps, le mécontentement et même l'indifférence ; avec laquelle conspire, en ce moment, la lassitude des millions de braves gens pour qui le scandale n'est pas le pain quotidien ; tandis que, plus haut ou plus près des pouvoirs publics on s'étonne, et l'on s'inquiète, de voir ce que sont, depuis quelques années, et ce que font les pouvoirs publics. — Or, la force des choses qui peu à peu nous écarte d'une forme du gouvernement représentatif usée, vidée et discréditée, peu à peu aussi (nous voulons du moins l'espérer) nous en apportera, grâce à un mode de suffrage meilleur, une forme plus jeune, plus pleine, plus riche en œuvres et en hommes.

Quand donc ? Dans un délai qui sera peut-être assez long, qui peut-être sera, de beaucoup, plus court qu'on ne l'imaginerait. Cette force, dont on ne sait pas seulement au juste ce qu'elle est, on en saurait encore moins calculer la vitesse ; mais il est sûr qu'elle ne cesse pas d'agir. Comment s'opérera la transformation ? On ne le sait pas davantage et, à la vérité, dans la procédure ordinaire, elle semble impossible à prévoir ; mais il est sûr que, celle-là ou une autre, une transformation s'opérera — et, si l'on ne sait ni quand ni comment, on sait bien pourquoi. — Parce que, d'une part, ce qui est impossible, moralement et matériellement, c'est que « cela dure et cela marche ainsi » ; parce que, d'autre part, là est l'unique solution libérale, et l'on ose ajouter : démocratique, à la crise de l'État moderne. Disons plus, en disant tout court : là est l'unique solution à cette crise, puisque le collectivisme révolutionnaire, non plus qu'un césarisme, quel qu'il soit, ne serait une solution. Dès lors, si la République ne veut ni finir dans le sang ni languir dans l'imbécillité, la solution pacifique et logique, il faudra tôt ou tard qu'elle y recoure. Et ce sera celle qu'on vient d'indiquer, ou quelque chose d'approchant. En principe, on peut affirmer que le suffrage universel sera organisé et que, par lui, l'Etat moderne s'organisera ; — ou qu'il ne sera pas ; — ou qu'il continuera, comme il l'a fait, à travers les bouleversements et les tâtonnements du siècle, à se chercher sans se trouver.

Là, encore une fois, est la solution véritable et, selon le train des affaires humaines, définitive à la crise de l'État moderne ; là, dans la représentation réelle du pays, du pays réel, du pays vivant tout entier ; et cette solution, que, pour plus de clarté et de brièveté, il est permis de qualifier d'organique, on peut affirmer que c'est vers elle que nous devons tendre et vers elle que la force des choses nous conduit. Etant cela, elle est le but. Mais on ne conteste pas, au demeurant, qu'on sache mal de quel pas nous y allons, ni que ce but puisse être assez lointain et assez ardu à atteindre. Il nous apparaît comme au bout, au sommet d'une grande pente où l'on gravit par des plans successifs ; autrement dit, entre le point où nous sommes et cette solution intégrale qui s'imposera un jour, s'interposent, échelonnées, étagées, diverses solutions moins complètes, moins satisfaisantes, accessoires ou provisoires ; demi-solutions, si l'on veut, mais qui nous seraient au moins des haltes de repos dans le chemin. Seulement, il ne faut pas perdre de vue que si, plus bas, les tentes peuvent être plantées, ce n'est que là-haut que la maison de granit et de ciment sera construite.

Ce pauvre État, affolé par ses cent ans passés de vagabondage, ne se rassiéra, ne se fixera que dans la représentation réelle du pays, par le suffrage universel organisé. Aussi voudrions-nous : premièrement, faire voir que c'est à elle, à la représentation de tout ce qui vit dans la nation, qu'aboutissent en somme, et la théorie et l'histoire ; en second lieu, montrer que les législations étrangères en fournissent des exemples intéressants ; en troisième lieu, établir, sur des données extraites des statistiques officielles, que son application, même immédiate, à la France de ce jour et de cette heure, ne rencontrerait pas dans les faits d'obstacle insurmontable, et que les résistances ne viendraient point de l'inflexibilité des chiffres, lesquels ne sont cependant pas suspects de complaisance pour les bâtisseurs de systèmes. — Enfin, comme l'introduction de cette représentation plus sincère ne serait pas la seule réforme, comme elle en entraînerait d'autres et comme elle ne serait pas acceptée sans transition, nous essayerons de dire par quoi elle peut être préparée, accompagnée et consolidée ; ou, comme la force des choses n'est pas à nos ordres, ce qu'on pourrait faire en attendant, afin de hâter son travail et de l'aider.

I. — FONDEMENS THÉORIQUES OU PHILOSOPHIQUES. — LA VIE ET LA REPRÉSENTATION RÉELLE DU PAYS.

D'abord, et avant tout, nous rejetons le dogme, absurde et gros de conséquences désastreuses, de la souveraineté du peuple. Ou, pour qu'on ne se méprenne pas sur nos intentions, nous rejetons absolument la notion même de la souveraineté, — du peuple ou de n'importe qui, — cette notion étant incompatible avec celle de l'État moderne, État de droit, construit par en bas. Froidement et sans la tristesse habituelle des abdications, nous faisons, en ce qui nous concerne, abandon volontaire de notre part de souveraineté, ne réclamant, en échange, que notre part de vie dans la vie nationale. Autant, en effet, il est clair, quand on salue le peuple du titre de « souverain », que l'on se moque de nous, que l'on nous fait « lâcher la proie pour l'ombre » — ou prendre une bulle de savon pour le globe impérial ; — autant le plus humble des citoyens est fondé légitimement à prétendre vivre dans la nation, être de sa personne dans l'être collectif.

De là une différence essentielle. Qui se croit souverain ignore ou dédaigne les autres. Qui se sait vivant ne peut oublier qu'il n'est pas seul à vivre, que sa vie se mêle à d'autres vies et que d'autres vies se mêlent à la sienne. La souveraineté se sépare, se replie sur elle-même et s'isole : elle se pose en s'opposant ; la vie se répand et se solidarise : elle se développe en se communiquant. La souveraineté est condamnée à demeurer une ; si elle se partage, elle dégénère en anarchie et se détruit ; plus la vie se partage, plus elle se multiplie, plus elle est harmonique, plus elle est féconde.

Elle se compose, la vie nationale, de toutes nos vies, dont les plus simples sont déjà composées ; l'être collectif est fait non seulement de la multitude des individus, mais d'une foule d'êtres collectifs de divers degrés, dans les divers ordres. Et non seulement la vie nationale est plus que la somme des vies individuelles, lesquelles sont loin d'en contenir tous les éléments, mais chaque vie individuelle s'embranche en quelque manière et se soude à des vies collectives qui la protègent, l'alimentent et l'accroissent prodigieusement. A telles enseignes que l'individu est, dans la nation, comme une cellule, voisine de milliers de cellules semblables, qu'unit avec elle et entre elles tout le tissu des lois, des mœurs, des relations sociales ; qui prêtent de la vie à ce corps, pour partie formé d'elles, et qui en retirent de la vie, des milliers de fois plus qu'elles ne lui en ont donné. La politique, vue d'un peu haut, est donc la science de la vie des sociétés et l'art de diriger la vie sociale pour le plus grand bien de la société et de chacun de ses membres, l'art de porter à leur plus grande puissance et de tenir en un juste équilibre la vie de l'individu et celle de l'ensemble.

D'où il suit que, si la vie est la matière et l'objet de la politique, elle en est aussi la méthode, pour ainsi dire, ou le moyen ; et dans une nation où la vie est partout diffuse, qui ne vit pas uniquement par la tête, la règle de la pratique doit être : *répartir l'action selon la vie* ; faire dans l'État une place et fixer dans l'Etat sa place à tout ce qui vit individuellement ou collectivement : organiser l'Etat sur le suffrage organisé lui-même d'après tout ce qui est organique dans la nation.

Mais cette image de « vie » et d' « organisme » appelle une réserve que de fréquents abus de langage rendent, à notre sens, indispensable. Ce n'est qu'une image, et lorsque au lieu de « fonctions » et d' « organes », on parle, à propos de la société, de la nation et de l'Etat, de « machine » et de « rouages », ce n'est qu'une image encore. Et lorsque, combinant et confondant les deux séries, on annonce solennellement, de quelque tribune ou de quelque fauteuil, — ainsi que le faisait naguère un homme politique promu à une position éminente, — que l'on s'efforcera d'assurer le fonctionnement normal « des *rouages* de notre *organisme* », ce n'est encore qu'une image ou plutôt ce ne sont que des images… brouillées.

Organisme ou mécanisme, vie ou mouvement, il y a toujours là-dedans quelque dose de métaphore ; et c'est à quoi il n'est que prudent de prendre garde, si nous sommes d'instinct entraînés, comme par un espèce de vanité d'esprit, à faire étalage de termes empruntés aux vocabulaires techniques, et si les analogies que l'on s'est, avec plus ou moins de raison et plus ou moins de succès, ingénié à établir entre les sciences naturelles et les sciences sociales n'ont fait que nous y disposer davantage. J'aime à penser que Herbert Spencer, quand il a commencé à décrire les procédés d'intégration et de différenciation des sociétés, la croissance sociale, la structure sociale, les fonctions sociales, les métamorphoses sociales ; quand il a distingué dans le corps social des organes et des appareils d'organes, un appareil producteur, un appareil distributeur, un appareil régulateur, j'imagine qu'au début du moins, il sous-entendait le mot « comme » et le mot « presque ».

Ce n'est que plus tard et sous le coup de cette griserie d'idées à laquelle tout philosophe est exposé, qu'il a identifié ce qu'il s'était d'abord borné à rapprocher, et mis l'absolu où d'abord il n'avait vu que le relatif ; le système a appelé le système. Puis les disciples, comme c'est la coutume, ont voulu dépasser le maître : la sociologie est devenue une physiologie et la politique, une hygiène et une thérapeutique des sociétés. Et puis après les exagérations de l'école, sont venues les déformations des vulgarisateurs, et il faut voir ce qu'est, à présent, la doctrine, ou, pour n'en retenir que l'une des propositions capitales, ce qu'est, par exemple, l' « évolution » traduite, — et combien trahie ! — travestie par les gazettes radicales à l'usage des convents maçonniques ou des agapes ministérielles !

La belle et lumineuse comparaison scientifique s'est épaissie, empâtée, figée en un matérialisme politique, bas et bête. Mais nous, nous y maintenons le mot « comme » et le mot « presque », ne voulant ni perdre, en la reniant, ce qu'elle dégage de clarté, ni fausser, en la forçant, ce qu'elle enferme de vérité. Quand, ici même, nous avons dit qu'il s'agissait d'organiser le suffrage universel, de « l'organiser » presque au sens qu'a le mot en biologie, il y avait « presque » ; et quand nous proposons de « répartir l'action selon la vie » en accordant une représentation dans l'État à tout ce qui, individus ou collectivités, a de la vie dans la nation, — nous ne prétendons nullement que les collectivités y vivent suivant la définition qu'un Claude Bernard ou un Darwin eussent donnée de la vie.

Pour nous, c'est un jeu d'imagination que de regarder les sociétés comme des animaux géants, ayant forme et figure typiques, reconnaissables à certains caractères, atteignant, à l'âge adulte, une certaine taille, et occupant alors tant de place à même l'espace, durant un tel temps environ. Non, les sociétés ne sont pas, proprement et sans métaphore, douées de la vie animale, sujettes à la mort animale. Le mot « comme » est sous-entendu : Dans la nation, qui est « comme » un organisme vivant, l'individu et le groupe sont « comme » des cellules. Dans le pays qui est « comme » un corps vivant, les chemins de fer et les routes sont « comme » des artères, par où se distribue et circule la richesse.

Ainsi du reste. On ne nous fera pas aller au-delà de « presque » et de « comme ». Qui ne sentirait le ridicule d'écrire d'une académie de province ou d'une chambre de notaires qu'elle est un « organisme vivant », c'est-à-dire, proprement et sans métaphore, un animal ? Et si l'on n'ose l'écrire de ces petites collectivités, comment l'oser, de la grande collectivité qu'est une société ou une nation ? Aussi ne l'écrirons-nous pas et nous méfierons-nous de toute cette physiologie de la politique qui, par un détour imprévu, mais avec des inconvénients non moins graves, en rejoint la métaphysique. Naturalistes en politique ? Pourquoi ? s'il suffit d'être réalistes ; et c'est justement le réalisme qui conseille et commande de s'y garder de la physiologie.

Maintenant, une fois faites ces réserves indispensables, — et tous les termes de vie, d'organisme social, de fonctions sociales étant pris comme ils doivent être pris, comme on vient de les prendre, avec l'atténuation qu'on vient d'y mettre, — deux points subsistent : 1° la société, la nation est « comme » un être vivant, où « vivent » physiquement et socialement des millions d'individus, où « vivent » socialement et « presque » physiquement des milliers de groupements ou de collectivités ; 2° tout ce qui « vit » ainsi, ou bien vit « presque », est « comme vivant » dans la nation, c'est raison, justice et nécessité qu'on le retrouve, ou qu'on en retrouve un peu, dans les institutions.

Ces « vies » individuelles et collectives représentées, et, par elles, des cadres tracés à l'exercice du droit électoral, laissé à tous, égal pour tous : voilà ce qu'on réclame en réclamant le suffrage universel « organisé », la représentation « organique », la représentation « réelle du pays », la représentation du pays « vivant ». Et là-dessus, depuis que l'Etat est fondé sur l'élection, les théoriciens sont, pour ainsi dire, unanimes ; c'est même une chose curieuse qu'il n'y ait pas dans la politique moderne de plus grosse question, et que pourtant il n'y en ait pas non plus de moins controversée. En revanche, c'est une chose curieuse aussi, qu'il n'y en ait guère de plus ignorée, ou de plus dédaignée, dans « le monde parlementaire ». Chacun sait qu'il est de bon ton d'y railler finement « la théorie » et « les théoriciens », et peut-être pourrions-nous rire nous-mêmes de ces plaisanteries, si ce n'était sur nous, tant que nous sommes, que les charlatans, les « rebouteux » de la politique se livrent à des opérations, qui ne laissent pas d'être douloureuses, et ruineuses par-dessus le marché et, au bout du compte, mortelles. On les étonne donc bien, nos plus distingués politiciens, à qui jamais l'idée n'est venue d'étudier la politique, pas même « un peu..., dans Aristote », en préconisant devant eux la représentation réelle du pays, par le suffrage universel organisé. — C'est, à une question dont à peine ils soupçonnaient l'existence, une solution qui ne leur apparaissait point, le groupe de « la gauche avancée », la loge Saint-Jean de Thémis, le bureau de leur comité et le *Phare* ou l'*Abeille* de leur arrondissement ayant jusqu'ici négligé de s'en occuper.

Mais ce n'en est pas moins une solution sur laquelle l'accord est fait pour la quasi-unanimité des théoriciens, — et non point d'hier. Ce n'est point d'hier qu'ils ont adopté le principe, sinon arrêté la formule, de la représentation organique. Et ils peuvent bien différer d'opinion quant au degré : l'appliquera-t-on aux deux Chambres ? ou seulement à la Chambre haute ? ou encore à la Chambre basse ? — et quant au mode : divisera-t-on la société en trois grandes classes, déclarées arbitrairement égales, capital, travail, intelligence ? Ou bien séparera-t-on les villes des communes rurales ? Ressuscitera-t-on au préalable les corporations de métiers ? Ou ne se servira-t-on que de la profession libre ? — Quant à la forme et au style du cadre, s'il sera copié de l'ancien, ou simplement imité, ou d'un modèle tout nouveau, chacun conserve ses préférences, mais tous reconnaissent qu'il faut qu'on refasse à l'Etat et qu'on fasse au suffrage un cadre. Ou, pour ne pas encourir le reproche qu'on adressait à d'autres de mêler les séries d'images, chacun peut vanter son remède, comme le plus prompt ou le plus sûr ; mais tous ont reconnu que ce qu'il faut, c'est refaire des osa la nation.

Avant même que l'Etat moderne fût né, et parlant de l'Etat en général, Montesquieu ne disait-il pas : « C'est dans la manière de diviser le peuple en classes que les grands législateurs se sont toujours signalés et c'est delà qu'ont toujours dépendu la durée et la prospérité de la démocratie » ? — Et sans doute l'on s'aperçoit, à quelques-unes de ses expressions, que l'*Esprit des lois* est antérieur à la naissance de l'État moderne. Mais la même pensée n'a jamais cessé de revenir, ou le même fond, plutôt, de persister sous les variations du langage, qui s'est accommodé au milieu et au temps. Elle reparaît, cette pensée, dans les livres de Sismondi, et dans les ouvrages considérables, qui touchent tout ensemble à la philosophie, à l'histoire et au droit, d'Ahrens et de Robert von Mohl.

Elle fait, en Allemagne, une fortune nouvelle, ou plus exactement, malgré les révolutions politiques et sociales, elle n'y perd rien de son ancien crédit. Loin d'y céder du terrain, au moins dans le domaine de la théorie, elle en reconquiert, et vers 1865, lorsqu'on publie l'espèce de consultation demandée à quatre éminents professeurs des universités les plus fameuses sur « les conditions et les effets du principe constitutionnel », Held est peut-être plus net que Gneist, et Wailz est peut-être moins décidé, plus hésitant que Kosegarten. Mais voici ce que dit Held : « La fin du régime constitutionnel est de diriger vers l'Etat les meilleures forces politiques qui se trouvent dans le peuple... Des quatre bases habituelles de l'élection : 1° les Etats (*Stände*, les classes, corporations ou métiers), 2° les intérêts, 3° le chiffre de la population, et i° la vie communale, toutes sont vacillantes et mobiles : il faut donc les prendre toutes à la fois et les concilier dans un système supérieur. »

Et voici ce que dit Gneist : « Quand, faute de participation à la gestion des affaires publiques, le vide se produit entre l'individu et l'Etat, on ne le remplit pas avec des spéculations abstraites ni des doctrines philosophiques. Des groupes plus ou moins nombreux de citoyens, que réunit la seule communauté du droit électoral, ne forment pas un corps politique et ne peuvent pas engendrer une action politique. Voter, lire, parler, écouter, et c'est tout : fausse manière de concevoir le gouvernement représentatif ; entre l'individu et l'État il est urgent que le vide soit rempli par des institutions intermédiaires. »

Waitz, tout en recommandant « de préférer le simple à l'artificiel et de prendre les choses comme elles sont », tout en observant que l'élection par *ordres* ou *états* est impossible, puisqu'il n'existe plus ni ordres ni états, et que l'élection par catégories professionnelles n'irait pas, en pratique, sans des difficultés assez sérieuses, conclut quand même, au risque de sembler se contredire : « Ce qui importe le plus, c'est de chercher les forces vives de la société et de leur assurer l'influence qu'elles méritent. » Pour les Chambres hautes, au moins, « là où n'existe point d'aristocratie historique, la représentation doit être formée de la grande propriété, de la grande industrie, de l'Eglise, des universités, des corporations qui subsistent, et des grandes villes. »

Kosegarten enfin, franchement réactionnaire, se soucie moins de « prendre les choses comme elles sont » que de les remettre comme elles ont été, et comme, à son gré, elles auraient dû continuer d'être : il déplore le peu de respect où l'on tient de nos jours les idées de « tradition » et de « collectivité », vante leur valeur politique et ne cache pas qu'il reste partisan de l'antique représentation par états ou par ordres.

Des *états* ou des *ordres*, les théoriciens qui suivent et, à leur tête, l'un des plus écoutés, Bluntschli, ne veulent pas ou ne veulent plus, parce que c'est l'État moderne qu'ils construisent, lequel, jaloux d'égalité, exclut les ordres ou états comme les castes. Mais, par compensation, ils acceptent les *classes*, car les classes ne sont ni les *castes* ni les *ordres* — et ils donnent une définition docte, subtile et longuement filée, de la *caste*, de l'*ordre* et de la *classe*. N'eût-il pas même admis la classe (dans l'acception étroite et rigoureuse, on comprendrait qu'il ne l'eût pas admise) si Bluntschli a su voir — et il la fortement noté, — le défaut commun, le vice originel des systèmes électoraux qui partent de l'individu isolé, c'est là l'essentiel. L'essentiel est qu'il ait reconnu, — et il l'a hautement enseignée, — la supériorité comme base de l'élection des groupements divers qu'il englobait sous l'étiquette, d'ailleurs vague, d' « unions organiques locales » ou de « membres organiques du pays. » Ainsi, *sa* représentation organique peut être, en son arrangement, différente de celle de Held ou de Kosegarten, mais, tout de même et à coup sûr, c'est *la* représentation organique ; et comment la représentation, *une* représentation organique ne fût-elle pas sortie de la théorie organique de l'Etat ?

Mais ce qui reste vague avec Bluntschli se dessine, s'assemble et se précise avec Holtzendorff. Ce que sont les « unions organiques locales »/ Bluntschli ne nous l'a pas appris, mais Holtzendorff va nous l'apprendre. Adoptant, faisant sienne la doctrine de Mohl sur « la société, et la développant, il estime que la société n'est pas seulement une somme d'individus, mais encore et peut-être surtout une somme de « formations collectives. » Si bien que « les hommes qui vivent dans l'Etat ne doivent pas être considérés seulement connue des unités, indépendantes, autonomes, mais comme des parties ou des fractions de communautés d'intérêts, matériels, moraux ou intellectuels. » Ces communautés, il les énumère : les unes venant de la nature même : la famille, la parenté, autrefois la tribu ou le clan, maintenant la commune ; autrefois la race, maintenant la nation ; autrefois la caste, l'ordre ou la classe, maintenant la position sociale ; les autres, produits delà société, telles que : associations professionnelles (syndicats) ; corps de fonctionnaires ; corps savants, académies, universités, corps enseignants des degrés inférieurs ; associations religieuses ; communautés d'intérêts économiques ; grande et petite propriété foncière, urbaine et rurale ; métiers ; commerce en gros ou en détail ; capital et travail industriel.

Dans l'un quelconque de ces groupements, dans au moins un, tout homme est engagé : ils sont en quelque sorte le *lieu social* de l'homme. De ce lieu social il faut faire le *lieu politique.* « Les nouvelles formes représentatives doivent tendre à représenter le peuple d'après la multiplicité de ses éléments constitutifs. » Et l'axiome ainsi posé a bien on ne sait quoi de flottant et d'obscur, mais qui se fixe et s'éclaire, lorsqu'on y regarde mieux, si les éléments constitutifs du peuple, ce sont toutes ces formations collectives, toutes ces unions locales, toutes ces communautés d'intérêts, tous ces « lieux sociaux » des individus dans l'Etat.

En français, nous dirons : le régime représentatif doit tendre à assurer la représentation réelle et totale du pays ; pour qu'il y ait représentation réelle et totale du pays, l'individu doit être représenté, mais l'individu à la place qu'il occupe, en son lieu social ; rien ne doit être omis, il doit être tenu compte dans l'État de tout ce qui constitue la société, individus et unions organiques, c'est-à-dire collectivités ou groupements, en l'un au moins desquels il est impossible à un citoyen, quel qu'il soit, de ne point se trouver engagé et par lesquels sa vie individuelle, participant à une vie collective, se trouve reliée à la vie nationale.

Mais se plaindra-t-on peut-être que, Holtzendorff et les autres, voilà bien des Allemands cités ? Le fait est que de, Gneist à Kosegarten et de Mohl à Bhuntschli, sujets prussiens, ou bavarois, ou autrichiens, ou citoyens suisses expatriés, ils sont tous Allemands, de cette « plus grande Allemagne » où règne la pensée et où sonne la langue allemandes :

So weit die deutsche Rede klingt !

Or il est convenu qu'il ne nous vient de l'est que des brouillards, et bien que nous dussions cependant savoir que les vapeurs de la spéculation se condensent parfois là-bas en une politique très positive, ce qui est dit en allemand n'est jamais pour nous que nuée et buée. C'est pourquoi l'on s'abstient de citer en outre, — à des dates et dans des régions assez distantes entre elles, — Krause et Stahl, Schäffle et Lilienfeld, dont les deux derniers ne montrent que trop de zèle pour la théorie organique de l'Etat, ne s'y plongent que trop avant, n'en bannissent que trop indiscrètement le mot « comme » et le mot « presque ; » et sont donc, explicitement ou par voie de conséquence, les partisans déterminés d'une représentation organique.

Ils sont Allemands : passons ; mais veut-on des Anglais ? puisque, dans l'opinion sommaire qu'on se forme des nations et de leur génie, si l'Allemand est toujours « utopiste », l'Anglais, au contraire, est toujours « pratique ». Eh bien ! quoiqu'on ne puisse pas ranger John Stuart Mill parmi ces « partisans déterminés » de la représentation organique, telle ou à peu près telle qu'elle apparaît maintenant, il est certain que, tous les maux et tous les périls du suffrage universel inorganique et anarchique, il les a devinés et dénoncés ; et il y avait bien, au fond de l'adhésion qu'il donnait aux idées de Thomas Hare, trace d'une préoccupation de ce genre, comme elle perce aussi, cette préoccupation, dans les motifs qui inspiraient à Thomas Hare lui-même son projet de réforme. Mais ces maux, ces périls et les menaces de la « fausse démocratie », qui les a plus énergiquement, plus sévèrement, plus durement condamnés, que sir Henry Maine, un Anglais ? Qui ? si ce n'est, en Angleterre, et avant Maine, Macaulay, et, avant Macaulay, Edmond

Burke ? N'est-ce pas un Anglais, Spencer, qui a rédigé le symbole de l'Etat, de la nation, de la société organiques ? et si l'on en veut venir au point particulier de « la représentation organique », c'était bien elle, sous un de ses aspects, c'était vers elle que regardait lord Grey, lorsqu'il demandait que les ouvriers, comme tels, — ou le travail, — fussent représentés et que les universités, comme telles, — ou l'instruction — fussent représentées dans l'Etat, étant des forces de la société.

Mais avec M. James Lorimer, il n'y a plus de doute ni d'équivoque ; et s'il la qualifie lui-même de *dynamique*, et si, quand il passe aux actes, il s'égare en d'inextricables combinaisons de nombres, la doctrine, en tant que doctrine, n'en est pas moins reconnaissable : c'est la théorie organique, puisqu'elle se résume en ces termes : « Envisager l'Etat comme un corps organisé, dont le régime représentatif et le suffrage qui le met en œuvre ont à recueillir les énergies, afin de les utiliser toutes… »

Sur quoi, l'un de ses commentateurs faisait les réflexions suivantes : « La différence fondamentale qu'on observe dans la société et qui se doit refléter dans l'Etat est celle des individus et des institutions sociales. A côté des individus travaillent, dans la vie, d'autres activités réelles et positives qui, — il le faut, — doivent avoir leur juste représentation dans l'Etat ; parce que, sans cela, l'Etat ne serait point l'image de la société, le parlement ne serait pas le miroir ni la photographie de la nation. Et tandis que, dans l'ancien système (le suffrage inorganique), le pouvoir dérive de la qualité de citoyens, commune à tous, dans le nouveau, chacun la tient comme membre de l'organisme où se déroule sa vie : église, université, commerce, agriculture, industrie, en un sens ; commune, province ou colonie, en l'autre. » Et le résultat, quel serait-il ? « Le parlement y recouvrerait la variété de composition qu'il a perdue : seulement, au lieu de ces éléments historiques, aristocratie, clergé, peuple, propriété, etc., il comprendrait ceux qui représenteraient les institutions, les organismes et les forces sociales auxquels, présentement, appartient une existence réelle et positive. » C'est, on le voit, — ou rien ne l'est, — la théorie de la représentation organique, — et tout à l'heure sur la conception organique de la société, de la nation et de l'Etat, en général, on a déjà nommé Herbert Spencer, — mais on peut encore invoquer son autorité (une de celles qui par exception, et de confiance, ont du crédit auprès des assemblées) quant à ce point particulier de la représentation réelle du pays. Lord Grey, Lorimer et Spencer : trois Anglais authentiques, pour n'en citer que trois ; mais enfin récusera-t-on les Anglais après les Allemands ? Seront-ils suspects, à leur tour, en souvenir des lointaines origines germaniques, d'un mélange de sang saxon, et des brumes éternelles qui enveloppent les fiords danois ou norvégiens d'où s'élancèrent les pirates-rois ?

Plus sérieusement, objectera-t-on que cette idée germanique ou anglo-saxonne ne correspond pas à l'idée française de la société, non plus que l' « organisation » sociale elle-même, la structure même de la société, sa charpente osseuse et son âme ne sont, en Allemagne ou en Angleterre, ce qu'elles sont chez les peuples latins ? — Mais si M. James Lorimer est suspect comme Anglo-Saxon, son commentateur est un Latin de pure race, un Espagnol, M. de Azcârate qui, en même temps, analyse et critique Held, Gneist, Waitz, Kosegarten, et d'autres Allemands, et d'autres Anglais. Or, reprenant pour son compte la thèse de la « représentation organique », Azcarate arrive à cette conclusion ferme : « Si, antérieurement, les électeurs étaient les corporations et sont aujourd'hui les individus, c'est un effet du caractère que revêt tout le mouvement politique moderne ; en partie juste, parce que, les individus étant le premier élément composant de la société, ils doivent avoir leur nécessaire représentation ; en partie défectueux aussi, parce que, du fait que la plupart des anciennes corporations sont mortes, il ne s'ensuit pas que l'on doive méconnaître le droit de celles qui subsistent, comme de celles qui se sont formées et se forment. On peut dire même que c'est le devoir de la Révolution dans sa seconde période, de favoriser l'esprit corporatif, pour faire cesser l'atomisme, aujourd'hui encore dominant. »

Et sa conclusion, avec notre besoin latin de lumière, ce Latin, avant de finir, en accentue le relief et en serre le contour : « Si, ajoute-t-il, c'est une erreur de ne voir dans la société rien de plus que les individus, c'en serait une autre de soutenir qu'elle se compose uniquement de corporations ; et c'est pourquoi doivent coexister les corps électoraux et les circonscriptions électorales ; ceux-là, pour que les organismes sociaux (ou collectifs) aient dans l'État la représentation qui leur est due, et celles-ci, pour que les individus, eux aussi, aient la leur. »

Quoi de plus ? et cet Espagnol ne serait-il pas assez Latin ? C'est alors à un Italien, Diomede Pantaleoni, que nous voulons en appeler. Il écrivait : « Je ne vois qu'un moyen de sauver les démocraties modernes : c'est d'attribuer un pouvoir prédominant à un sénat qui renfermerait les hommes « représentatifs » des forces sociales : l'agriculture, l'industrie, le commerce, la science surtout sous toutes ses formes. » De cette phrase, la dernière partie au moins est à retenir ; elle contient l'essence de la pensée et ce sera, après coup, une question secondaire, de savoir si c'est le Sénat seulement ou la Chambre des députés ou, les deux ensemble qu'il serait bon de soumettre à ce régime électoral. Mais voici des Belges, — presque des Français : — M. Hector Denis, M. Guillaume de Greef, M. Adolphe Prins qui a consacré à ce sujet plusieurs livres, — tous importants ; — j'omets M. de Laveleye qui a fait la préface d'un de ces livres.

Exige-t-on davantage ? et peut-être faut-il que, pour avoir droit à notre attention en ces matières, on soit Français depuis trois générations ? Mais que de bons Français n'en jugent pas différemment du régime représentatif, depuis Montesquieu, il y a cent cinquante ans, jusqu'à des contemporains, il y a six mois ! Et notez que les théoriciens dont on a constaté l'accord viennent non seulement de tous les pays : Allemands, Anglais, Espagnols, Italiens, Belges, Français ; mais de tous les points de l'horizon intellectuel : philosophes, juristes, historiens, sociologues ou sociologistes, — lequel est le moins barbare ? — médecins même, car Pantaleoni l'était : médecin philosophe, il est vrai, mais muni du diplôme ! nous revendiquons pour lui cet honneur, non qu'il en retire plus de crédit à nos yeux, mais dans l'espoir qu'il pourra trouver grâce auprès de la centaine de médecins que nous avons dans nos Chambres. Notez, par surcroît, que ces théoriciens viennent de tous les partis, comme de tous les pays et de toutes les facultés ; qu'il y a parmi eux des conservateurs, absolutistes ou constitutionnels, des libéraux, des radicaux, des socialistes même.

Tenant à ne faire déposer, en ce débat, que des théoriciens contrôlés, on a passé volontairement sous silence l'avis des publicistes qui ne seraient que des journalistes et des politiques qui ne seraient que des politiciens. Mais quand il se rencontre des hommes d'État, dignes d'un si beau titre, pour qui ni la théorie ni l'histoire n'ont été une préparation superflue, comment ne pas les en croire, dans les choses d'Etat ? Comment ne pas en croire M. Canovas del Castillo lorsqu'il nous avertit que « la démocratie individualiste est un délire ridicule », qui, « scientifiquement et pratiquement, sera bien vite condamné » ? Ce qui signifie qu'entre la « démocratie individualiste » fatalement anarchique, et la « démocratie collectiviste », fatalement révolutionnaire, il n'y a que ce moyen terme, la « démocratie organisée. »

Mais ce ne sont pas seulement les idées qui, de tous côtés, convergent en ce point : ce sont les faits eux-mêmes ; ce ne sont pas seulement les théoriciens de toute école qui arrivent à cette conclusion : philosophes, juristes et autres ; ce ne sont pas seulement les historiens : c'est l'histoire.

II. — FONDEMENS HISTORIQUES. — LES TROIS PHASES DU RÉGIME REPRÉSENTATIF.

En effet, on peut dire — et, du reste, on l'a déjà dit — que le régime représentatif a jusqu'ici passé par deux phases distinctes. Dans la première de ces phases, le groupe seul était représenté ; et l'individu seul est représenté dans la seconde. Dans la première phase, la représentation était corporative ; dans la seconde, elle est individuelle.

Quelques auteurs ont réservé, pour la seconde des deux phases, le nom de régime représentatif, en l'opposant à la première, où dominait le système des *ordres*. Entre le système des ordres et le régime représentatif, ils ont relevé des différences tranchées, dont les plus remarquables sont : que, dans le système des ordres, la représentation de chaque ordre est séparée et que les derniers ordres, souvent, ne sont pas même représentés ; dans le régime représentatif, au contraire, la nation entière est représentée, tous ordres abolis, en une représentation commune. Dans le système des ordres, certains individus (grands seigneurs ou grands dignitaires) avaient droit de siéger par et pour eux-mêmes, non moins que pour et par elles-mêmes, certaines corporations ou universités : et, au contraire, dans le régime représentatif, le droit, quoique personnel, est commun, égal, conféré par l'État en vue de l'intérêt général.

Dans le système des ordres, les députés des villes et des corporations recevaient des instructions impératives ; ils n'étaient guère que des mandataires particuliers ; dans le régime représentatif, au contraire, il n'y a plus de mandat, au sens du droit civil, de mandat particulier : il n'y a charge que du bien public. Dans le système des ordres, chaque ordre votait à part et en bloc ; au contraire, dans le régime représentatif, les votes ont lieu par tête, à la majorité des représentants confondus. Dans le système des ordres, chaque ordre consentait à part les impôts nouveaux à sa charge ; impôts toujours spéciaux et parfois accordés sous condition ; dans le régime représentatif, au contraire, les Chambres dressent le budget de l'Etat, et autorisent la levée de l'impôt, universel comme le suffrage, établi par la loi, qui est obligatoire pour tous, sans exception ni condition.

Ainsi de suite, de caractère en caractère ; mais nous pouvons nous en tenir là et répéter, en simplifiant un peu : dans la première phase de la représentation, ce qui était représenté, c'était le groupe, corporations de métier, villes ou ordres ; dans la seconde, c'est l'individu hors du groupe, hors du métier, à peine rattaché au sol, non situé, non localisé, *non domicilié socialement* et se mouvant en toute fantaisie de coin en carre et de bas en haut dans l'Etat.

Même dans la première phase, deux espèces d'Etat : l'État communal et l'Etat national — ou plutôt deux variétés de la même espèce : le système des ordres. La commune est un petit État fondé sur les lignages et les métiers — comme le grand Etat, l'État national, sur les ordres ; dans ce petit État, le lignage et le métier sont de petits ordres. C'est le régime représentatif, ou c'est *un* régime représentatif, qui repose sur les institutions corporatives : fraternités, ghildes, hanses, arts, métiers. Il en est ainsi dans tout l'occident de l'Europe : en Allemagne, en Flandre, en Angleterre, en France, en Suisse, en Italie. Seulement de ce qu'il y a représentation, il ne faut pas se hâter de déduire qu'il y a nécessairement élection. Loin de là : l'élection semble n'avoir pas été la forme ordinaire, mais bien une forme assez rarement usitée, de constituer la représentation dans les villes. Si la représentation ne s'offre plus guère à nous que liée à l'élection, tirée d'elle et créée par elle, c'est un phénomène récent : ce n'en est ni une nécessité, ni une condition, ni même une tradition. En droit, il peut y avoir, et, en fait, il y a eu, pendant très longtemps, représentation, sans qu'il y eût élection ; et l'on ne soutiendrait pas que ce fût le régime représentatif en sa définition toute pleine, mais c'est sûrement un mode ou un degré de ce régime, qu'on lui en donne ou refuse le nom. La force corporative en est la grande et presque l'unique force ; le métier y est presque tout : certaines familles, les lignages, y sont beaucoup ou quelque chose, suivant les lieux ; nulle part, l'individu isolé n'y est rien. A Bruxelles, sept lignages et quarante métiers, réunis en neuf nations de métiers, se partagent l'échevinage et les conseils. A côté des conseils, une assemblée où siègent les centeniers ou chefs des quartiers de la ville. En somme, d'individu point, ni d'élection aucune, domine imités sociales et politiques, les sept lignages, les neuf nations de métiers, les quartiers. Ni dans le lignage, ni dans le métier, ni dans le quartier, l'individu n'est, lui, cette unité sociale et politique. Civilement, il n'existe que dans son groupe, ou même plus : ce n'est pas lui qui existe, c'est le groupe.

Partout ainsi. A Gand, qui est représenté dans le corps communal ? Les grands bourgeois, les tisserands, les cinquante-deux petits métiers. A Ypres ? Des chevaliers, des propriétaires et notables, quatre collèges de petits métiers. A Liège ? Encore des lignages et des métiers. Il en est en France comme dans les Flandres, et d'un bout à l'autre des provinces qui sont notre France d'aujourd'hui. A Amiens, les doyens des corporations nomment douze échevins qui s'en adjoignent douze autres. Cela, en Picardie. En Languedoc, à Sommières, la ville est divisée, d'après les métiers, en quatre quartiers, avec trente-deux magistrats supérieurs, conseillers ou notables. A Rouen, à Bourges, des quartiers, dont les délégués s'unissent aux membres du conseil ou à l'échevinage pour nommer les nouveaux conseils.

Passez la Manche. A Londres, le maire est désigné par les ghildes privilégiées et le conseil communal ; les aldermen sont nommés à vie par les citoyens (ceux qui ont droit de cité, les bourgeois) des quartiers de Londres ; le conseil communal, qui contribue à l'élection du maire, est élu annuellement, à raison de quatre membres par quartier, lesquels sont très souvent désignés, du reste, par les corporations marchandes. Passez le Rhin. A Augsbourg, vous retrouverez les lignages et les métiers. Et vous les retrouverez à Ulm. Passez les Alpes. Ce n'est pas toujours chose facile de se reconnaître dans les mutations du gouvernement de Florence, malgré les témoignages précieux de Machiavel et de Guichardin. Mais les *case*, ne sont-ce pas les lignages, comme les *arts* sont les métiers ? arts majeurs et mineurs, peuple gros et menu, ou selon les temps, peuple *puissant, médiocre* et *bas*. Prenez un de ces temps de Florence qui se succèdent si rapidement. Au XIVe siècle, en 1323, c'est le sort qui désigne les magistrats de la seigneurie, mais qui donc établit la liste de ceux entre qui le sort opère ? Cinq corps indépendants : 1° les prieurs ou doyens des grandes corporations ; 2° les gonfaloniers ou chefs de la milice ; 3° les capitaines du parti guelfe ; 4° les juges du commerce pour les marchands ; 5° les consuls des métiers pour ce qu'on appellerait à présent l'industrie.

Et l'on voit bien ici les quartiers et les métiers, les corporations ; et l'on voit, en plus, la milice et le parti guelfe ; ailleurs, on a les quartiers, les métiers et les lignages ; d'un seul mot, on voit le groupe, naturel ou social, mais l'individu, où est-il ? Où est-il, en Angleterre même, où, de bonne heure, la personne humaine a plus de prix ? où est-il, dans cette Florence même de la Renaissance, du moins dans les institutions de cette Florence, d'où bientôt pourtant il va sortir, si merveilleusement et parfois si tragiquement, si horriblement fort ? On ne l'aperçoit pas : le groupe seul se montre, et l'Etat communal, on le répète, est partout fondé sur *le groupe.*

Ensuite, mais toujours dans le système ancien, quand les Etats s'agrègent et se centralisent ; quand la royauté, d'une part, et d'autre part, la nation prennent conscience chacune d'elle-même en prenant contact l'une avec l'autre ; quand, en face d'un gouvernement plus entreprenant, plus constant et plus continu, se fait sentir le besoin, s'affirme l'urgence d'une défense et d'un contrôle ; lorsque l'Etat, de local et communal, devient central et national, la représentation, elle aussi, devient centrale et nationale. Mais qu'est-ce que cette représentation ? et qui est représenté ? qui ? ou quoi ? Par l'autre, dans l'Etat communal, c'étaient certaines familles, les quartiers, les métiers ; par celle-ci, dans l'Etat national, ce sont plutôt des classes, presque des castes, et des ordres.

Ce sont, en Angleterre, les lords spirituels et temporels et les communes, c'est-à-dire les *cinq ports de mer*, les villes, les bourgs, les comtés, les universités. Au *Reichstag* de l'empire, à la Diète, ce sont les grands-électeurs, les princes, les cinquante et une villes impériales, en leurs deux bans, de la Souabe et du Rhin. Dans les assemblées provinciales, ce sont les états (*Stände*), le haut clergé, la haute noblesse, la noblesse moyenne, la bourgeoisie des villes ; tout au bas de l'échelle, les paysans, quoique constitués en état distinct (*Bauernstand*), ne sont pas habituellement représentés. A toute époque, en Allemagne, l'organisation sociale et politique a les états, les ordres, pour armature ou pour charpente : dans la première période, libres, nobles, grands, recommandés, non libres, demi-libres ; dans les deuxième et troisième périodes, libres, princes et seigneurs, échevins héréditaires (*Schœffenbaren*), chevaliers, paysans libres et non libres ; dans la quatrième période, du XVIe siècle à la fin de l'empire, noblesse, bourgeoisie, paysans ; autant de *Stände*, d'états, chacun d'eux existant comme ordre ou comme classe et n'existant que comme ordre ou comme classe.

Aux Cortès d'Aragon et de Castille, la noblesse, le clergé et les villes représentées par des « procureurs » ; en Portugal, trois états ou trois ordres, clergé, noblesse et peuple, — de même qu'en France ; clergé, noblesse et bourgeoisie ou tiers état. En France, les villes ou certaines villes ne figurent, pas comme unités représentées (ainsi qu'en Angleterre, dans l'Empire, en Espagne) mais, avec les bailliages et sénéchaussées, elles forment des circonscriptions territoriales, et, par elles, le régime a racine dans le sol. Ordres ou états, villes, comtés, bourgs, ports, universités, ce sont toujours des groupes ; et, dans l'Etat national fondé sur les ordres, — comme dans l'Etat communal fondé sur les corporations, — il n'y a représentation que du groupe. L'individu n'est jamais représenté, pour cette raison péremptoire qu'on ne lui reconnaît point de vie politique ou sociale, et que ce n'est pas d'individus, mais de groupes que la société et la nation sont faites.

Et tous ces groupes sont des groupes fermés. On dit « fermés », quoique dans cette société même, si hiérarchisée et si peu mobile qu'elle soit, puissent se produire des déclassements ; groupes fermés, en tout cas, dans la mesure où le passage d'un groupe à l'autre, l'accès au groupe supérieur est difficile et demeure exceptionnel. C'est contre une telle société, faite tout entière d'ordres, de classes, de corporations, tout entière faite de groupes et de groupes fermés, que la Révolution française s'est levée, et jamais révolution ne fut plus profondément sociale et politique, puisque, loin de se borner à un changement de prince ou de dynastie, ou même de régime, elle a changé jusqu'à la structure sociale et politique, brisant le groupe, et affranchissant, et couronnant l'individu.

Mais, la structure sociale et politique changée, c'est toute la vie sociale et nationale qui change ; et c'est, par conséquent, la représentation qui se transforme. Plus de privilèges, plus d'ordres, plus de corporations, plus de groupes ; donc plus de représentation de groupes. L'individu, comme unité sociale et politique ; et donc l'individu comme unité de représentation. En France d'abord, et puis, par rayonnement, dans les autres pays de l'Europe occidentale, là où, corporations ou ordres, Etat communal ou Etat national, on n'avait vu, auparavant, que des groupes représentés. Et sans doute, dans tel ou tel de ces pays, persisteront des survivances de l'antique représentation des groupes, ou même, par endroits, quelque chose en renaîtra : — survivances et renaissances plus fréquentes qu'on ne serait porté à le croire, et que mettra au jour l'examen des législations étrangères. Mais le fait typique et spécifique, qui forme ligne de partage entre l'ancien système et le nouveau, est celui-ci : substitution de l'individu au groupe dans la vie et dans la représentation nationales.

Jusque-là on n'avait pas compté, dans les institutions, avec l'homme, en tant qu'homme. Comme le pouvoir n'était limité qu'en fait, pour limiter le pouvoir en fait, il fallait en avoir la force, et c'est à peine si vis-à-vis de la féodalité et de la monarchie grandissantes les corporations et les ordres y pouvaient suffire. Mais maintenant que le pouvoir allait être limité en droit, et que ce droit, on le tirait des droits naturels de l'homme, tout homme, en tant qu'homme, compterait. L'individu émancipé faisait éclater le double moule de la corporation et de l'ordre. Il ne restait que lui, dans les institutions retournées de fond en comble ; c'était lui qui, directement, se posait devant l'Etat, et c'était sur lui que, directement, on posait l'Etat.

Excès en deçà et excès au-delà. Le groupe, jadis, était tout, et l'individu n'était rien ; désormais l'individu serait tout et le groupe ne serait plus rien. Non seulement le groupe disparaissait comme *unité sociale*, mais on ne le gardait même pas comme *lieu social*. Non seulement on délivrait l'individu des entraves qui le gênaient, mais on le déliait de tout lien et même de ceux de ses liens qui étaient moins des liens que des attaches et des communications. Non seulement on en faisait l'homme et le citoyen, mais on en faisait le souverain. Société, nation, État, après avoir tout démoli, on prétendait tout reconstruire par lui seul, pour lui seul, sur lui seul, avec lui seul. De la société, de la nation, de l'Etat, chaque individu devenait la seule partie composante, et toute la société, toute la nation, tout l'Etat n'était que la somme des individus, uniformes, identiques, comme un est identique à un, et interchangeables entre eux.

Le plus fort, c'est qu'on se flattait d'obtenir ainsi l'équilibre, comme si, sur une barque trop chargée où tout le monde se jetterait à tout moment d'un bord à l'autre, on pouvait obtenir l'équilibre, et comme si la seule chance de stabilité — et de salut — qu'il y ait n'était pas que chacun eût sa place fixée et s'y tînt. Mais non : point de place fixée : caprice et fantaisie ; on dirait que l'ordre est attentatoire à la liberté, à l'égalité, à la « souveraineté ». Allez, homme, citoyen, souverain ; allez, venez, tourbillonnez, ruez-vous d'ici là, et de là ici, et où vous voudrez, et quand vous voudrez, et comme vous voudrez ! Jetez-vous au hasard d'un bord à l'autre de l'Etat ; déplacez-en sans cesse et sans règle le poids et la masse ; nous, cependant, avec des éléments que nous ne pouvons connaître, nous essayerons de gouverner !

Et voilà cent ans qu'on l'essaye, et voilà cent ans que l'on y échoue. Voilà cent ans que l'on expérimente toutes les formes et tous les dosages du suffrage inorganique, et voilà cent ans d'anarchie. La plaisante chose de dire qu'en France, dix-huit années sont à peu près la durée normale des gouvernements ! Comment y aurait-t-il une durée normale dans une situation qui est anormale ? Dix-huit années marquent l'intervalle de nos crises les plus violentes, et c'est tout. Ce n'est que l'intermittence de notre fièvre ; et, comme il y en a de tierces et de quartes, la nôtre revient tous les dix-huit ans ! Mais les années de répit ne sont pas des années de santé ; et depuis cent ans nous sommes malades. Nous le sommes davantage depuis cinquante ans : malades d'avoir désorganisé l'organique et voulu organiser par l'inorganique.

Toutes nos douleurs et tous nos malheurs viennent de là, et là est la grande cause. On ne guérit pas un excès par un autre ;

tyrannie du groupe fermé ou tyrannie de l'individu déchaîné, deux tyrannies : servitude et servitude. Et la deuxième phase du régime représentatif s'achève à présent sous nos yeux, en d'amères désillusions, avec des sursauts d'agonie, sans que rien ait été tenu des promesses qui furent prodiguées ; et les cent ans qu'elle a duré n'ont été qu'une longue banqueroute.

Assez de cent ans ! C'est assez I Et si la deuxième phase s'achève, pourquoi la troisième ne commencerait-elle pas ? Deux excès contraires, a-t-on dit. Mais entre ces excès, n'y a-t-il pas le juste milieu, où sont la raison et la vérité ? L'ancien système exagérait, et la Révolution est allée droit à l'opposé, à l'exagération contraire. Des erreurs qu'elle a pu commettre, il n'en est pas de plus franchement reconnue que celle où elle était tombée, dans l'ordre économique, en proscrivant, par haine de la corporation, même le droit d'association. De même, dans l'ordre politique. Sans la renier en ce qu'elle eut de bon et d'utile, sans blasphémer (puisqu'elle n'est que chose humaine et œuvre humaine, faillible comme toute œuvre humaine ; et plus humaine et plus faillible que d'autres, si (elle fut plus passionnée), on peut, où elle s'est trompée, et sur quelque point, défaire ce qu'elle a fait ou refaire ce qu'elle a défait ; défaire et refaire prudemment et jusqu'où il faut.

Non point jusqu'à la corporation, mais jusqu'à l'association, dans l'ordre économique. Et, dans l'ordre politique, non point jusqu'au groupe qui supprime l'individu, mais jusqu'au groupe qui l'encadre, où il s'encadre spontanément. Non point jusqu'au groupe, unité sociale où l'individu s'absorbe et s'abîme, mais jusqu'au groupe, *lieu social* de l'individu. — Nous ne voulons, en effet, ni de la corporation, ni de l'ordre, ni d'aucun groupe fermé ou imposé. Et non seulement nous ne demandons pas qu'on y retourne, mais très résolument, pour nous, nous refuserions d'y retourner. Nous ne voulons que du groupe ouvert et libre, lieu et milieu social, et, par rapport au suffrage, simple circonscription sociale ajoutée à la circonscription géographique, sans que, d'être de tel ou tel groupe ou de voter dans telle ou telle circonscription sociale entraîne jamais rupture d'égalité ni différence dans le droit. — Ouvert et libre, nous voulons le groupe, et nous ne le voulons pas fixé, arrêté une fois pour toutes : nous le voulons en vie et en mouvement comme la société elle-même.

La besogne à faire est une besogne d'action, non point de réaction. Hier est mort et aujourd'hui meurt ; ne nous attardons pas à restaurer hier ni à prolonger aujourd'hui. Mais demain vit déjà en nous, et, si la politique est une science et un art de vie, la politique de demain est la seule qui vaille la peine qu'on s'en occupe. Près d'elle et du problème qu'elle pose, — ce problème étant de savoir si l'État moderne sera enfin construit et si nous sortirons de l'anarchie dont les manifestations se succèdent et se précipitent, — qu'est-ce que les vaines démarches d'un ministère ? ou le conflit des Chambres ? ou les chicanes juridiques sur le vrai sens de l'article 6 de la Constitution ? Laissons cet aujourd'hui misérable qui meurt, et, de la *politiquaille*, tâchons de dégager une politique.

VI. LA REPRÉSENTATION RÉELLE DU PAYS DANS LES LÉGISLATIONS ÉTRANGÈRES

Il ne suffirait pas que la « représentation du pays » ou « représentation organique » eût pour elle et la théorie et l'histoire. On pourrait toujours dire que le domaine de l'histoire, c'est le passé, et que le domaine de la théorie, ce peut être le rêve. Bien des esprits se refuseraient encore à accepter une réforme qui ne se présenterait garantie que par la théorie et par l'histoire. Aussi ne sera-t-il pas de trop d'y joindre des exemples pris dans la législation électorale des différents peuples ; dans leur législation actuelle, positive ou projetée. Nous y rencontrerons, comme on l'a déjà indiqué, d'assez nombreuses traces d'une représentation organique, d'une représentation des forces sociales, d'une représentation réelle du pays, dont les unes sont des vestiges et les autres, des germes ; les unes des survivances, les autres, des renaissances ; les unes, des aboutissements d'institutions très anciennes, les autres des commencements d'institutions tout récemment introduites ou réintroduites. Survivances donc et renaissances, ainsi classerons-nous, sous ces deux espèces, les exemples de représentation organique que les diverses législations peuvent fournir ; et sans doute le classement sera un peu artificiel, car, si des institutions très anciennes survivent, c'est qu'elles se sont accommodées, façonnées aux temps et aux mœurs ; si des institutions naissent et se développent, c'est qu'elles ont, derrière elles, à quoi s'attacher et de quoi se nourrir.

Entre les survivances et les renaissances, l'histoire coule ; elle les baigne toutes, et par les unes comme par les autres s'établit la vérité de cette proposition : que l'histoire n'est ni réactionnaire, ni révolutionnaire, mais bien conservatrice et évolutionniste. Le même esprit habile les vestiges et les germes, et c'est l'esprit de vie : — de la vie qui se continue et se transforme, qui ne se continue qu'en se transformant, et ne se transforme que pour se continuer. Mais enfin, quoique artificiel à certains égards, il est permis d'admettre ce classement : vieilles formes, et formes nouvelles ou renouvelées : nous le suivrons. Puis, après que nous aurons montré, par des exemples des deux espèces, tirés des législations étrangères, que la représentai ion proclamée théoriquement la meilleure et historiquement la plus fondée persiste ou renaît, c'est-à-dire *vit*, du moins en partie, ailleurs, au dehors, dans un milieu autre, mais voisin, il nous restera à montrer qu'elle vivrait aussi chez nous et dans notre milieu à nous ; qu'en France même elle est possible, qu'elle est *pratique*. Ce sera surtout l'affaire des chiffres et des faits.

Pour aujourd'hui, on ne cherche que des exemples, où ils sont, au-delà des frontières. On veut prouver d'abord que, dans l'Europe contemporaine, quelque part existe quelque chose qui ressemble à une représentation organique, à une représentation réelle du pays. Ensuite on tâchera de prouver que ce quelque chose, il serait possible, il serait pratique, il serait facile de l'adopter en nous l'adaptant, et, en y mettant notre marque nationale, d'en faire, à notre bénéfice, et pour retourner le mot trop fameux, « un article d'importation ».

I. — SURVIVANCES OU FORMES ANCIENNES D'UNE REPRÉSENTATION ORGANIQUE.

Ce qui, d'une manière générale, peut servir à distinguer les formes anciennes de la représentation organique de ses formes nouvelles, c'est que les anciennes formes utilisent, copient, et en quelque sorte épousent de préférence les groupements d'origine naturelle :

famille, parenté, caste ou classe fermée, ordres, villes ou campagnes, tandis que les nouvelles se règlent et se modèlent de préférence sur les groupements plus proprement sociaux, produits de la société civile déjà développée, associations de tous genres, mais toutes libres, ouvertes et volontaires. Les formes anciennes impliquent hiérarchie, et les nouvelles, seulement harmonie. Les formes anciennes exigent des conditions particulières que n'offrent pas ou n'offrent plus toutes les sociétés, toutes les nations, tous les États de l'Europe moderne ; mais les formes nouvelles ne demandent aucune de ces conditions et s'appliqueraient partout également bien.

Bade, Bavière, Saxe, Wurtemberg et autres États particuliers de l'Allemagne.

Le pays-type pour la représentation organique de formes anciennes, c'est l'Allemagne ; non pas l'empire allemand, considéré dans son ensemble, mais la plupart des Etats dont il se compose, considérés chacun en son autonomie. Nous citerons le grand-duché de Bade, les royaumes de Bavière, de Saxe et de Wurtemberg.

Dans le grand-duché de Bade, le parlement, les *États du pays*, sont formés de deux Chambres.

La première Chambre est à demi héréditaire, à demi élective, mais élue par des ordres ou des corps privilégiés. Elle comprend une trentaine de membres, parmi lesquels les princes de la maison ducale, les chefs des familles dites « d'Etat » (ce sont les familles qui jadis avaient droit de vote à la Diète du Saint-Empire) ; l'évêque catholique et un ecclésiastique protestant, ayant rang de prélat ; huit députés de la noblesse, élus, dans leur ordre même, par les *propriétaires de seigneuries* ; deux députés des universités (Heidelberg et Fribourg) ; huit membres nommés par le grand-duc sans distinction de rang ni de naissance.

La seconde Chambre comprend 63 députés, dont 22 représentent les villes et 41 les « bailliages » ou campagnes ; l'électoral étant, du reste, le même dans les campagnes que dans les villes. Le suffrage est à deux degrés, mais sans qu'il soit prescrit de cens : c'est le suffrage universel. Est électeur, sauf exclusion légale, tout Badois âgé de 25 ans ; est éligible tout électeur âgé de 30 ans. Une exception, toutefois, est faite : elle concerne les membres de la première Chambre et ceux qui sont, d'autre part, électeurs et éligibles aux élections des députés de la noblesse à cette même première Chambre ; ceux-là ne peuvent être ni électeurs de l'un ou de l'autre degré, ni députés des villes ou des bailliages à la seconde Chambre. Ainsi, pour la première Chambre, le droit d'élection appartient à la noblesse, ordre, classe fermée, ou caste ; aux universités, corporations fermées : à telle catégorie de membres de la noblesse et à telle catégorie de professeurs des universités ; et de même qu'eux seuls possèdent l'électoral, eux seuls encore ont l'éligibilité, avec quelques autres personnes, admises, en très petit nombre, au partage de ce dernier privilège. Pour la seconde Chambre, le suffrage universel, institution moderne, fonctionne suivant l'ancienne division du pays en villes et campagnes, circonscriptions urbaines opposées aux circonscriptions rurales. L'exclusion de la seconde Chambre, portée contre les nobles éligibles à la première, coupe en deux la représentation, et par-là même la population ; elle crée une Chambre seigneuriale et une Chambre populaire ; elle crée une noblesse et un peuple entre lesquels il n'y a que des séparations et pas un trait d'union.

Point de doute. Cette organisation repose bien sur les états, sur les *Stände*. La base en est bien la distinction entre nobles et non nobles, d'une part, et, d'autre part, entre nobles de divers titres. C'est bien une forme ancienne de représentation organique, et plutôt le système des ordres que le régime représentatif au sens moderne. — Et c'est, au point de vue d'où nous jugeons, un exemple topique de ce que ne peut ni ne doit être la représentation organique dans l'Etat moderne.

En Bavière comme à Bade, la première Chambre est aristocratique et la seconde, populaire.

On voit, en effet, dans la première Chambre, des princes du sang royal, des membres héréditaires et des membres de droit à raison d'une dignité, d'une fonction ou d'un titre, des membres nommés à vie par le prince à raison de leurs services, de leur naissance et de leur fortune ; mais on n'y voit pas de membres élus, même par et parmi la grande noblesse, constituée en ordre fermé. Le principe de l'élection, même restreint à la prérogative la plus étroite, y fait absolument défaut et le caractère ancien de la Chambre bavaroise des seigneurs s'accuse non seulement par cette absence de tout élément électif, mais, en outre, et davantage, par ce fait que le droit de siéger dans la première Chambre s'attache à la propriété noble, à la charge, à la chose plus qu'à la personne, est réel plus que personnel, n'est personnel que par exception, pour certaines hautes et puissantes personnes.

La Chambre des seigneurs, en Bavière, est donc éminemment aristocratique. Et la seconde Chambre y est populaire ; elle s'y recrute au suffrage universel, ou presque ; à un suffrage très général, puisqu'il suffit, pour y être électeur, de payer une minime contribution directe ; il n'y a d'exclusion, pour ainsi dire, ni à l'électorat, ni à l'éligibilité ; et le peuple bavarois a sa représentation, comme la noblesse bavaroise a la sienne. Néanmoins, la séparation est peut-être moins marquée que dans le grand-duché de Bade, et, en tout cas, on paraît avoir compris le danger de couper la nation en deux parties distinctes et aisément rivales, car on fait prêter aux électeurs des deux degrés et aux élus le serment « de ne conseiller dans l'assemblée que ce qui sera conforme au bien général du pays sans avoir égard à des *états* ou à des classes particulières. » Mais qu'il faille faire prêter ce serment, au demeurant difficile à tenir pour tout homme et en tout pays, n'est-ce pas justement la preuve que les *états* et les *classes particulières* ont conservé, en Bavière, de la vie et de l'énergie ? On les proscrit, donc on les redoute ; on les redoute, donc elles sont. — Et, si c'est un régime de « classes » et d' « états », ce n'est pas encore pour nous le modèle à imiter.

En Saxe, non plus, les *Stände*, les *états* n'ont point perdu leur antique vigueur ; et là, sans contredit, on se trouve en présence d'une forme complète de la représentation organique du « bon vieux temps ». Il serait fastidieux de donner la liste entière des dix-sept catégories d'où peuvent être constitutionnellement tirés les membres de la Chambre des seigneurs, et d'autant plus qu'elle renferme des membres de droit, à titre héréditaire, personnel ou « de situation », à côté de membres élus par des corporations ou des ordres privilégiés : chapitres, universités, seigneuries, collège des propriétaires de biens équestres et d'autres grands domaines ruraux ; la religion, la science et la terre noble. Dans la seconde Chambre saxonne, ainsi que dans la seconde Chambre badoise, jusqu'à hier, les villes avaient leurs députés et les campagnes avaient les leurs : encore une survivance ancienne en une institution modernisée. — Ce n'est point ce que nous cherchons.

Et quand, de Saxe, on passe en Wurtemberg, ce n'est même plus dans la Chambre des seigneurs seulement que se perpétue cette ancienne forme, mais c'est dans la seconde Chambre, dans la Chambre des députés.

Elle se compose, la Chambre des députés de Wurtemberg, de membres désignés par leur office ou leurs fonctions et de membres élus par la noblesse équestre, le chapitre métropolitain, les villes et les bailliages.

Comme dans le grand-duché de Bade, les chefs des familles de la noblesse dite « d'Etat » et les propriétaires de biens nobles ne peuvent être députés ni des villes ni des bailliages. Si ce n'est pas, comme dans le grand-duché, une Chambre populaire qui s'oppose à une Chambre aristocratique, ici, dans la même Chambre et dans la seconde Chambre, deux classes, deux fractions de peuple se juxtaposent et fatalement s'opposent ; la même Chambre, la Chambre des députés est à demi aristocratique, à demi populaire ; c'est moins un parlement que des Etats avec leurs trois ordres : clergé, noblesse, tiers état des villes et campagnes ; — c'est l'Europe du XVIe siècle dans l'Europe du XIXe.

L'Allemagne, d'un bout à l'autre, offre un pareil spectacle : c'est sur la souche restée robuste de ses anciennes institutions sociales qu'elle a greffé les institutions politiques modernes. L'Allemagne : lisez « les Allemagnes », comme disait Comynes. Non point l'empire allemand de 1870, aux institutions toutes neuves, au Reichstag issu du suffrage universel pur et simple ; et, si l'on veut que ce soit le Saint-Empire romain ressuscité, non point cet empire lui-même, mais les nations germaniques qu'il rassemble et qu'il réunit. Chez telle de ces nations allemandes, la greffe est entrée plus profondément ou a repris plus vigoureusement que chez telle autre ; chez celle-ci la souche a été entaillée plus avant que chez celle-là ; mais, chez toutes, c'est une jeune greffe sur une vieille souche, ce n'est pas un jeune plant dans une terre retournée. C'est toujours le même tronc dans la même terre et c'est toujours de la vieille sève que se nourrit l'arbre nouveau.

Maintenant, parmi ces formes anciennes qui survivent, il y en a de trois ou quatre âges, de trois ou quatre époques, il y en a de plus ou moins anciennes ; et c'est l'occasion de répéter que le classement en survivances et renaissances est un peu artificiel, et que toutes ces formes de représentation organique, l'histoire ininterrompue les enveloppe et les rattache les unes aux autres par une trame parfois invisible, mais résistante.

En voici de très anciennes, de type archaïque très pur ; voici le pur moyen âge dans les deux duchés de Mecklembourg ; et de très anciennes encore en Prusse (Chambre des seigneurs), et dans la Hesse électorale. En voici d'autres qui sont mêlées d'ancien et de moderne, en des proportions qui varient, où tantôt c'est l'ancien et tantôt le moderne qui l'emporte, dans les duchés de Saxe, le Brunswick, les principautés de Reuss.

Quant aux villes libres : Hambourg, Brême et Lübeck, bien que la longue filiation de leurs institutions soit connue, elles se rapprochent aujourd'hui de ce que nous regardons comme la forme nouvelle de cette représentation, le type ancien étant caractérisé par l'ordre fermé et la corporation fermée, le type moderne par la classe professionnelle libre et l'association ouverte. On vient de faire à peu près tout le tour des États allemands ; et, si l'on a rencontré souvent en chemin la représentation organique, c'est surtout sous des formes anciennes et des formes où domine le type ancien : ordres et corps privilégiés. *Il n'y a rien à y prendre pour nous* ; et la raison s'en devine sans qu'il soit besoin d'insister : en France, rien ne survit de ce dont ces formes anciennes supposent la survivance.

Mais peut-être, mais probablement n'en est-il pas de même des formes nouvelles ou renouvelées. Et déjà les formes mixtes, dès que l'ordre s'ouvre et devient la profession, la position sociale, dès que la corporation s'ouvre et devient l'association libre, — ou bien dès que l'association libre et la profession ouverte y ont une place, y pénètrent et y rompent l'ordre et la corporation, — déjà ces formes sont des formes renouvelées : et il faut voir si nous-mêmes, Français, qui ne pouvons ni ne voulons oublier la Révolution, nous n'y trouverons pas à emprunter.

II. — FORMES MIXTES OU RENOUVELÉES DE LA REPRÉSENTATION ORGANIQUE

A peine a-t-on prononcé le mot de « représentation organique » que c'est grand hasard si quelqu'un ne s'écrie pas : « Mais l'expérience de la représentation professionnelle a été faite en Autriche, avec quel succès, on doit le savoir ! » Là-dessus, tout le monde de penser : « Eh quoi ! alors, la représentation… comme en Autriche ! » Ce qui est bien expéditif et a le tort de laisser croire : 1° que la représentation organique est nécessairement la représentation professionnelle ; 2° que la représentation professionnelle est, à elle seule, toute la représentation organique ; 3° que le régime autrichien n'est autre que la représentation professionnelle ; 4° que toute représentation professionnelle et, par suite, toute représentation organique devront se conformer au régime autrichien ; 5° que l'expérience a mal réussi en Autriche ; 6° que cet échec n'a pour cause qu'un vice inévitable et incorrigible du système ; 7° que c'est bien la représentation professionnelle qui sort de l'épreuve jugée et condamnée ; 8° et que cela juge et condamne en tous lieux, à tout jamais, toute représentation professionnelle et toute représentation organique. Autant de propositions, autant d'erreurs ; si l'on veut s'en convaincre, il n'y a qu'à mieux lire les textes et à mieux observer les faits.

Empire d'Autriche.

Ne nous occupons pas de la Chambre des seigneurs ; c'est une survivance, une forme ancienne de la représentation organique, semblable à celles que nous avons vues en Allemagne. Elle se compose des princes majeurs de la famille impériale, — droit de naissance ; — des chefs majeurs des familles de la noblesse du pays, en possession de grandes propriétés foncières et à qui l'empereur a, pour eux et leurs successeurs, conféré cette dignité, — titre héréditaire ; — des archevêques et évêques ayant rang de princes, — droit résultant de la fonction. — Tout cela ou la majeure partie de tout cela est du passé et sort de l'histoire. Mais l'empereur peut adjoindre à vie à la Chambre des seigneurs « des hommes éminents qui auraient rendu des services signalés à l'Etat, à l'Eglise, aux sciences et aux arts. » Et ceci, déjà, est plus moderne.

En ce qui concerne la Chambre autrichienne des députés, dans son organisation des parties anciennes se sont conservées, mais elle contient aussi d'autres parties, qui sont comme l'amorce d'une forme nouvelle de représentation organique. Et c'est pourquoi, — si cette organisation est louée par les uns, par les autres blâmée, et par la plupart mal connue ; si, avant tout, il convient d'y faire le départ entre des choses anciennes, mortes ailleurs, et des choses nouvelles, partout vivantes, — on ne saurait se dispenser de l'exposer avec quelque détail.

En Autriche, le corps électoral, pour la Chambre des députés, comprend quatre catégories : 1° la grande propriété foncière ; 2° les villes ; 3° les chambres de commerce et d'industrie ; 4° les communes rurales.

La loi définit chacune d'elles.

1° La *grande propriété foncière* s'entend des domaines qui payent une certaine somme d'impôts, généralement 100 florins, et quelquefois 200 ou même 250 florins ; rarement on se contente de 50 florins. Dans la majorité des pays de la monarchie, la propriété doit, de plus, être un ancien domaine seigneurial ou terre noble. Si, en Dalmatie, on ne parle que de « plus haut imposés », on stipule, en Tyrol : « les propriétaires de domaines constitués en majorais » et, dans les provinces voisines : « la grande propriété foncière noble ». C'est donc, pour cette première classe, comme l'accouplement du régime féodal et d'un régime qu'il y aurait des motifs de qualifier de bourgeois ; seigneurie et cens rapprochés, deux couches historiques distinctes, l'une fort vieille et l'autre relativement récente ; ni l'une ni l'autre vraiment moderne.

2° Les *villes* (villes, marchés, centres industriels). Il faut entendre par ce terme spécial : les *villes*, les communes qui, jadis, ont reçu expressément ce titre. Aussi, parmi ces villes, se trouve-t-il de très petites communes, tandis que parmi « les campagnes » il se trouve des centres de population considérables. (C'est un cas analogue à celui des *bourgs* en Angleterre.)

Des deux dernières catégories : 3° chambres de commerce et d'industrie ; 4° communes rurales, il n'y a pas à donner de définition légale ; le nom dit assez ce qu'elles sont.

En récapitulant, on en arrive à cette observation. La première classe, grande propriété foncière, relève d'un type de « représentation organique » mixte, mais plutôt ancien, — propriété seigneuriale ou féodale ; — ce qui s'y montre de plus récent, — un cens sans autre condition, — est loin encore d'être vraiment moderne ; aristocratie mitigée par places de ploutocratie, mais nulle part imbue ou seulement infiltrée de démocratie ; grande propriété et non propriété tout court. La seconde classe, les villes, d'après la définition que la loi en donne, rentrerait plutôt, elle aussi, dans le type ancien, bien que, par « les marchés » et surtout par « les centres commerciaux et industriels », elle se rajeunisse et se rapproche du type moderne. La troisième classe, chambres d'industrie et de commerce, est moderne. La quatrième classe, les communes rurales, comme la deuxième, les villes, par plusieurs dispositions, se rattache au type ancien.

Cette deuxième et cette quatrième classes, les villes et les communes rurales, sont naturellement celles où le plus grand nombre de sujets autrichiens exercent leurs droits électoraux. Dans la troisième classe, chambres de commerce et d'industrie, le vote a lieu soit séparément, soit en commun avec les circonscriptions électorales des villes.

Nul n'est électeur en Autriche, si, outre les conditions ordinaires d'âgé, de domicile et de capacité, il ne paye un cens minimum de cinq florins d'impôts directs. Payant ce cens et remplissant toutes les conditions exigées, il est admis à voter dans sa classe : communes rurales, s'il habite un village ou un domaine foncier porté sur le cadastre d'un village, et villes, s'il réside en une commune légalement qualifiée de ville, au titre de ville ancienne, ou de marché, ou de centre industriel. Ainsi, à cet égard, les villes et les communes rurales sont moins des classes que des circonscriptions. Des deux autres classes, les chambres de commerce forment réellement une catégorie à part, et la grande propriété foncière, devant, en maint pays, être, par surcroît, seigneuriale, est encore une classe à peu près fermée.

Diverses inégalités existent, du reste, entre les classes. Tandis que l'élection est directe pour les trois premières, pour la quatrième, au contraire, elle se fait à deux degrés. Et non seulement il y a inégalité dans la manière de voter, mais il y a même inégalité dans le droit de vote ou plus exactement dans le pouvoir du vote. Si, en effet, personne ne peut voter deux fois dans le même pays pour une même élection, les électeurs de la première classe peuvent pourtant, eux, voter dans tous les pays de la couronne où ils possèdent la qualité requise, c'est-à-dire un domaine foncier assez important. Ils y peuvent voter par procuration ; et cette procuration, qui, pour eux, mâles et majeurs, est facultative, pour d'autres est obligatoire. Elle est obligatoire pour les femmes, lesquelles, dans la première catégorie, ont, comme les hommes, le droit de vote, mais ne peuvent en user que par mandataires ; obligatoire aussi pour les corporations ou sociétés rentrant dans cette première catégorie : institutions ou établissements, écoles, églises ou hospices propriétaires de grands domaines, lesquelles corporations ou sociétés sont investies du droit électoral, mais ne l'exercent, de même, que par procureur.

Ce sont bien là des inégalités entre les classes, et un privilège certain au profit de la première. Mais, à l'intérieur même de la quatrième classe, entre les électeurs du premier et du second degré, n'y a-t-il pas inégalité, si certains propriétaires de domaines fonciers, trop petits pour donner entrée dans la première catégorie, votent de droit, dans la quatrième, comme électeurs du second degré ? Et l'on s'arrête, sans rien dire d'autres inégalités encore qui, malgré l'abaissement uniforme du cens à cinq florins, peuvent résulter de la variété des législations provinciales sur la matière, puisque, en général, le droit électoral au Reichsrath autrichien suit le droit électoral aux diètes de pays ou assemblées provinciales.

Mais ainsi qu'il y a des inégalités dans le corps électoral, ainsi y a-t-il, d'autre part, des inégalités dans la représentation. Les 353 sièges de la Chambre des députés actuelle se répartissent entre les quatre classes d'électeurs dans la proportion suivante : la première classe élit 85 députés, la deuxième, 118 ; la troisième, 21 ; la quatrième, 129. Ce qui donne (chiffres de 1891) : à la première classe, grande propriété foncière, 1 député pour 63 électeurs en moyenne ; à la deuxième classe, villes, marchés et centres industriels, 1 député pour 44 854 âmes ; à la troisième classe, chambres de commerce et d'industrie, 1 député pour 27 électeurs ; à la quatrième classe, communes rurales, 1 député pour 142 754 habitants.

On voit que l'écart est immense entre les différentes classes : de 27 à 142 754. Et peut-être faudrait-il ajouter que, ces chiffres exprimant des moyennes pour toute la monarchie, l'inégalité n'est guère moindre dans chaque classe, entre les provinces. La première classe qui a, en Silésie, 1 député pour 18 électeurs, en Dalmatie n'en a 1 que pour 548 électeurs. La deuxième classe qui, en Carniole, a 1 député pour 23 202 habitants, n'en a 1, en Istrie, que pour 98 140. La troisième classe qui, en Bukovine, a 1 député pour 16 électeurs, à Trieste n'en a 1 que pour 37 électeurs. La quatrième classe qui, dans le Vorarlberg, a 1 député pour 451 172 habitants, en Galicie, n'en a 1 que pour 224 826 habitants. Donc, inégalité de représentation entre les classes, dans l'Empire, et, dans chaque classe, entre les provinces ; inégalité dans le droit ou le pouvoir du vote entre la première catégorie d'électeurs et les trois autres ; inégalité dans la manière de voter entre les trois premières classes et la quatrième ; inégalité dans la quatrième classe par l'inscription d'office de certains moyens propriétaires comme électeurs du second degré.

Telle est l'organisation électorale de l'Autriche, telle qu'elle découle des lois du 21 décembre 1867, du 2 avril 1873, du 4 octobre 1882 et du 12 novembre 1886. Si, maintenant, on reprend point par point les propositions ci-dessus rapportées, et dont on a dit qu'elles étaient autant d'erreurs, il est évident, pour celles qui s'appliquent spécialement au régime autrichien, que ce régime n'est pas la représentation professionnelle, ou n'est qu'une représentation professionnelle fort incomplète ; que la troisième classe d'électeurs, chambres de commerce ou d'industrie, et si l'on veut, dans la deuxième classe, les marchés et centres industriels, en sont peut-être des embryons, mais des embryons non développés ; et que ce n'est point, en tout cas, la représentation professionnelle embrassant toutes les professions et les distribuant toutes en trois ou quatre groupes proportionnellement représentés.

Accordons même que la première classe représente la grande propriété et la quatrième classe, la moyenne et la petite propriétés foncières, en même temps que l'agriculture : on voit ce qui manquerait encore au régime autrichien pour être véritablement la représentation professionnelle, et, par exemple, que les professions libérales n'y ont pas leur place. D'où il suit que le régime autrichien est loin de fournir un modèle de représentation professionnelle qu'il faille adopter sans retouches et reproduire scrupuleusement. D'un autre côté, cette expérience partielle ou réduite de représentation professionnelle a-t-elle si mal réussi en Autriche qu'il y ait de quoi en désespérer pour toujours ? Mal réussi, ce serait trop dire ; médiocrement, c'est certain, puisqu'il n'y est question, depuis quelques années, que de réformes électorales. Mais la faute en est-elle à la représentation professionnelle elle-même et en tant que système, ou bien à l'adaptation que l'Autriche en a faite ? adaptation défectueuse et sans doute critiquable à plus d'un titre. Que le régime autrichien soit trop ancien dans ses parties anciennes, favorisant la grande propriété et la propriété féodale ou seigneuriale ; que, dans ses parties plus récentes, il ne soit pas assez moderne, s'en tenant au cens et ne descendant pas jusqu'au suffrage universel, c'est ce que l'empereur lui-même et ses ministres ont compris, ce à quoi le projet du comte Badeni, à cette heure soumis au Reichsrath, a pour objet de remédier. Car ce projet créerait une cinquième catégorie d'électeurs, à laquelle 72 sièges seraient attribués, le nombre total des députés étant ainsi porté de 353 à 425. Pour la cinquième classe, plus de cens : en seraient « tous les sujets autrichiens du sexe masculin, indépendants, âgés de 24 ans révolus, non privés de leurs droits par jugement et domiciliés depuis six mois dans la circonscription. » Le projet n'exclut que « les personnes qui, servant comme domestiques, sont logées dans la maison de leurs maîtres. » Seulement, il institue une sorte de vote plural, de double vote au profit des quatre premières classes, puisqu'il dispose que les électeurs des quatre classes actuellement existantes seront aussi de droit électeurs dans la cinquième classe à créer ; et, par là, ce qu'on accorde d'une main, on en vient presque à le retirer de l'autre. Quant à la manière de voter, le suffrage à deux degrés serait maintenu pour la quatrième classe (électeurs censitaires de 5 florins au moins dans les communes rurales), et pour la cinquième classe projetée, il serait direct ici, et là, à deux degrés, selon la nature et l'usage des lieux.

Le gouvernement autrichien a donc reconnu le besoin de rajeunir le régime électoral de la monarchie, et s'efforce de le rajeunir par en bas, si, par en haut, il n'y touche point. Mais il le rajeunit sans le bouleverser, sans le transformer, sans en changer le caractère ; c'est la preuve que l'expérience peut avoir été médiocre ; elle n'a pas été si mauvaise qu'elle aboutisse à l'abandon définitif. Et c'est un motif de penser qu'elle n'a été médiocre, cette expérience, que parce que le régime contenait et contient des éléments anciens qu'il eût dû rejeter, ne contenait pas des éléments modernes qu'il eût dû déjà appeler à lui ; ou que le dosage en était mal fait ; qu'il y avait trop de ceux-ci et pas assez de ceux-là.

Mais, serrant de plus près les choses, et jugeant par rapport au triple objet de l'élection dans l'État moderne : 1° comme base de gouvernement, il ne paraît pas que ce régime ait été plus instable, peut-être l'a-t-il été moins que d'autres ; 2° au point de vue de la législation, celle qui en est sortie ne semble sûrement pas être d'une qualité inférieure ; 3° et pour ce qui est de la représentation même, la physionomie du pays, du pays vrai et du pays vivant, ne s'y réfléchit-elle pas comme en un « miroir » plus fidèle, puisque c'est le terme consacré ? En 1885, sur les 353 députés, on comptait 149 propriétaires et agriculteurs ; 51 avocats et notaires ; 40 employés ; 27 professeurs et maîtres ; 24 ecclésiastiques ; 23 fabricants et industriels ; 10 négociants en gros et marchands ; 10 médecins ou officiers de santé ; 7 capitalistes ou banquiers ; 5 ingénieurs ; 5 publicistes et journalistes ; 2 artisans. Et, sans doute, cette énumération montre clairement que le dosage pourrait être meilleur, la distribution plus juste, la représentation plus exacte ; mais pourtant que le politicien de profession, avocat, médecin, journaliste, n'y pousse pas comme une ivraie qui étouffe tout, est-ce donc un résultat à dédaigner ?

Non : une fois de plus, ce qui demeure de cette expérience, même médiocre, ce n'est pas la condamnation sans appel du régime autrichien des classes ; le serait-ce, que ce ne serait pas celle de la représentation des intérêts, puisque l'on peut la concevoir autrement ; et le serait-ce encore, que ce ne serait pas celle de la représentation professionnelle dont le régime autrichien n'est qu'une ébauche très imparfaite ; et le serait-ce enfin, que cène serait point la condamnation de la représentation organique, puisque ni la représentation professionnelle n'est, à elle seule, toute la représentation organique, ni la représentation organique n'est, nécessairement, la représentation professionnelle. Disons ou répétons que tout n'est pas à prendre dans le régime autrichien, mais que quelque chose est à y prendre ; que, s'il a des défauts, des inconvénients pour l'Autriche elle-même, il en aurait bien davantage pour la France, qui n'est pas l'Autriche ; que, par conséquent, il ne faut pas l'introduire chez nous tel quel et en bloc, mais qu'il est bon avoir, à décomposer et à imiter — librement, — en quelques-unes de ses parties, les plus modernes. Et, cela pris de lui et le reste laissé, ses vieilleries féodales et seigneuriales, tout ce par quoi il sonne l'antique et le faux aujourd'hui, cherchons si, autre part, il n'est pas autre chose dont nous puissions tirer profit.

Espagne.

L'organisation du Sénat espagnol mérite évidemment une mention spéciale. Aux termes de l'article 20 de la constitution du 30 juin 1876, il se compose : « 1° de sénateurs de droit ; 2° de sénateurs nommés à vie par la couronne ; 3° de sénateurs élus par les corporations de l'Etat et par les plus haut imposés. » Il y a 180 membres nommés à vie ou sénateurs de droit, et 180 membres élus : les deux principes de nomination royale et d'élection et les deux parties du Sénat, permanente et temporaire, se balancent.

Nous ne parlerons pas des sénateurs de droit : fils du roi et de l'héritier présomptif, grands d'Espagne justifiant d'un certain revenu, ou titulaires des plus hautes charges militaires, religieuses ou judiciaires. Des sénateurs à vie, nous ne parlerons que pour rappeler que, si c'est le roi qui les nomme, il est obligé de les choisir en douze catégories de sujets espagnols que la loi détermine. Le point intéressant pour nous est dans les catégories d'électeurs bien plus que dans les catégories de personnes susceptibles d'être appelées au Sénat par le roi.

Les sénateurs élus le sont : 1° par les archevêques, évêques et chapitres de chacune des provinces qui forment les neuf archevêchés ; 2° par les académies : Académie royale espagnole ; Académies d'histoire ; des beaux-arts ; des sciences exactes, physiques et naturelles ; des sciences morales et politiques ; Académie de médecine de Madrid ; 3° par chacune des dix Universités, avec le concours des recteurs et professeurs, des docteurs qui y sont immatriculés, des directeurs d'institutions d'enseignement secondaire et des chefs d'écoles spéciales du ressort ; 4° par les *Sociétés économiques d'Amis du pays*, lesquelles élisent à deux degrés un sénateur pour chacune des cinq régions où elles se groupent territorialement : Madrid, Barcelone, Léon, Séville et Valence. Toutes ces corporations religieuses, littéraires et savantes désignent ensemble 30 des sénateurs élus, 1 par corporation, à savoir : les archevêchés, 9 ; les académies, 6 ; les universités, 10, et 5 les *Sociétés des Amis du pays.* Les 150 membres, qui restent pour compléter le nombre de 180, sont élus par les conseils provinciaux (équivalent de nos conseils généraux), des délégués des conseils municipaux et les principaux contribuables, ce qui, on le voit, ne laisse pas de se rapprocher un peu de notre système français.

Comment ne pas estimer qu'au total c'est une organisation très remarquable, où peut-être ce qu'il y a de plus remarquable, c'est le droit de représentation conféré aux *Sociétés économiques des Amis du pays* ? Pour les archevêchés et les chapitres, en effet, et pour les universités et même pour les académies, on pourrait présenter ce droit comme une survivance d'un régime ancien aux origines reculées, comme une espèce de fantôme d'histoire qui revient et rôde dans les institutions ; mais, pour les *Amis du pays*, leur origine ne se perd point en la nuit des temps : on connaît parfaitement l'époque de leur premier épanouissement, qui fut le règne de Charles III ; la date de leur fondation, qui est 1785 ; le nom de leur fondateur, qui fut le comte de Campomanes. Elles n'ont donc qu'un siècle d'existence, elles sont modernes. Modernes par leur âge, elles le sont plus encore par la fin qu'elles poursuivent, si cette tin est « d'encourager l'industrie et d'augmenter la richesse publique par le développement des arts et des manufactures, de l'agriculture, etc. », toutes choses dont l'Etat moderne se préoccupe plus que ne faisait l'Etat ancien.

Or il est remarquable que la constitution espagnole garde à ces sociétés économiques une place dans la représentation au Sénat ; mais il y a plus : et c'est qu'elles ont également une place réservée dans la représentation à la Chambre des députés. Et non seulement elles, mais « les universités littéraires » ; non seulement les universités, mais « les chambres de commerce, industrielles et agricoles officiellement organisées. » Ainsi, à côté des districts ou circonscriptions territoriales, voici des « collèges spéciaux », des *corporations* (le mot est dans la loi), voici des *circonscriptions sociales.*

Il y a une de ces circonscriptions sociales, chaque fois qu'une université littéraire, une *Société économique d'Amis du pays*, une chambre de commerce, d'industrie ou d'agriculture officiellement organisée compte 5 000 électeurs inscrits ; et, quand une seule corporation ne compte pas les 5 000 électeurs nécessaires, elle se joint, pour constituer un collège électoral, aux autres corporations de même classe ou de même ordre, géographiquement les plus voisines.

Les conditions d'inscription sur les listes de ces corporations ou groupes de corporations sont, d'abord et naturellement, d'être inscrit sur les listes générales, sans mention d'incapacité ou de suspension du vote ; ensuite, d'établir qu'en se faisant inscrire sur ces listes, on a communiqué à la junte municipale l'attestation exigée ; enfin de justifier d'un titre académique ou professionnel, lorsqu'on réclame l'inscription à une université, ou du brevet de membre effectif ou correspondant, lorsqu'il s'agit d'une société économique ou d'une chambre de commerce, d'industrie ou d'agriculture.

Si ce n'est pas tout ce que nous proposons pour arriver à la représentation organique, à la représentation réelle du pays, c'est du moins une partie de ce que nous proposons ; avec la base du suffrage universel, d'où la construction doit s'élever : si ce n'est pas la représentation professionnelle achevée, ni la représentation organique, c'en est du moins un commencement. Et personne ne soutiendra qu'il n'engage pas à y persévérer et à le perfectionner, — en dépit de mœurs électorales longtemps détestables et qui sont encore mauvaises, — puisque dans les Chambres espagnoles, quelles que soient les inévitables querelles d'intérêt ou rivalités d'ambition, les partis sont, en leur masse, cohérents et disciplinés ; que ces partis ne sont pas acéphales comme les nôtres, qu'ils ont des chefs ; qu'il n'est point de parlement au monde où se rencontre plus de talent, d'éloquence et de savoir qu'aux Cortès ; et que, somme toute, malgré ce qu'on peut, de loin ou à première vue, croire une assertion paradoxale, l'Espagne est peut-être, de nos Etats occidentaux, celui qui aie mieux observé, depuis vingt ans, la pratique essentielle du parlementarisme anglais, la règle des deux unités du parlementarisme classique : deux grands partis ayant une doctrine, un programme, une « équipe de gouvernement », se combattant dans le champ de la constitution, et se succédant au pouvoir.

Les villes libres et hanséatiques. — Brême.

Remontons vers le Nord. Nous retrouvons en Allemagne trois petites républiques, — trois Etats communaux, — les trois villes « libres et hanséatiques » de Lübeck, Brême et Hambourg. Leurs institutions se ressemblent et sont un amalgame d'ancien et de moderne ; c'est une organisation ancienne, accommodée aux idées et aux nécessités modernes, mais où le moderne l'emporte.

Dans ces trois villes libres et hanséatiques, à Lübeck comme à Brême et comme à Hambourg, le pouvoir suprême est partagé entre deux assemblées : un *Sénat*, de 14 ou 18 membres, une *Bourgeoisie* (Bürgerschaft*) de 150 ou 160 députés. Une disposition, commune aux trois cités, veut que des 14 sénateurs, à Lübeck, six au moins, soient des jurisconsultes et cinq au moins, des commerçants ; que des 18 sénateurs, à Brême, dix au moins soient jurisconsultes et cinq commerçants ; à Hambourg, que neuf au moins aient étudié le droit et les finances, et que sept au moins exercent ou aient exercé le commerce.*

Les *Bourgeoisies*, ou, pour être tout à fait exact, la *Bourgeoisie* de Brême peut être citée connue un type de représentation professionnelle moderne, et de représentation professionnelle complète, à la différence du système autrichien. Sont électeurs et éligibles à la bourgeoisie de Brême les citoyens âgés de 25 ans et depuis trois ans domiciliés au lieu du vote. Ils sont divisés en huit classes dont chacune élit ses propres députés.

La première classe comprend les électeurs de la cité de Brême munis de diplômes universitaires ; elle élit 14 députés. La seconde comprend les commerçants de la ville même, et elle nomme 42 députés. La troisième classe se compose des industriels de l'Etat entier, répartis en dix sous-classes suivant la variété des professions : elle nomme 22 députés. La quatrième classe réunit tous les autres électeurs de la cité de Brême qui ne rentrent pas dans les classes précédentes, et elle élit 44 députés. La cinquième et la sixième classes comprennent respectivement les électeurs des deux villes annexées à l'Etat de Brome et élisent l'une 4, et l'autre 8 députés. La septième classe et la huitième, finalement, comprennent les électeurs des 35 communes rurales de l'État ; avec, dans la septième, les plus haut imposés, et dans la huitième, tous les autres citoyens.

Le vote est secret et l'élection directe pour toutes les classes, excepté la troisième, à cause de sa division en dix sous-classes correspondant aux diverses industries ; chaque sous-classe y désigne généralement 1 électeur secondaire par 10 électeurs primaires, et les électeurs secondaires élisent ensuite les 22 députés de la classe.

Suffrage universel, villes et campagnes, catégories professionnelles, pour la *Bürgersehaft* ou la *Bourgeoisie* ; et, pour le Sénat, attribution d'un certain nombre de sièges à des personnes instruites dans le droit, d'une part, — d'autre part, à des commerçants — ; du coup, c'est la représentation professionnelle, et plus que cela : c'est une représentation organique, sous une forme moderne, en ce qu'elle descend jusqu'au suffrage universel et se règle sur la profession ouverte ; c'est une représentation organique double, en ce qu'elle organise tantôt le corps électif (*Sénat*), tantôt le corps électoral (pour la *Bourgeoisie*). Aussi ne voulons-nous plus d'autre exemple, quoiqu'il ne soit pas impossible de trouver ailleurs la représentation professionnelle ou une représentation organique quelconque, au moins à l'état fragmentaire et rudimentaire.

Éléments ou fragments de représentation organique aux Pays-Bas, ni Suède, en Roumanie, en Serbie, etc.

Des éléments de représentation organique, on en trouverait aux Pays-Bas (où la première Chambre est élue par les conseils provinciaux) ; en Suède (où la première Chambre est élue par les assemblées provinciales et les conseils municipaux des villes qui ont plus de 25 000 âmes) ; et l'on en trouverait encore en d'autres pays.

Dans la législation île la Grande-Bretagne, même après les

réformes de 1832 et de 1867, même après celle de 1884, même après que les *comtés* et les *bourgs* n'ont plus été que des circonscriptions géographiques de droit égal, et sans insister sur les antiques privilèges électoraux des maîtres es arts des universités, des « bourgeois » ou des membres des corporations ou associations de la Cité de Londres, les universités n'ont-elles pas conservé leur représentation à elles, et ne demeurent-elles pas, elles seules et à part, des collèges électoraux ? En Hongrie, en Norvège, en Italie, en Portugal, bien qu'on n'ait pas sans doute, si les mots ont leur valeur pleine, la représentation professionnelle, ni la représentation réelle du pays, ni une représentation organique, bien que l'on n'y ait pas une organisation du suffrage et que le suffrage lui-même ne soit point partout universel, il n'y aurait pas besoin d'un bien grand effort pour y arriver ; et l'on voit en quelque façon cette organisation poindre et surgir du sol. Il nous reste, dans tous les cas, en terminant ce rapide et sommaire examen, il reste debout, utilisables pour nous, les trois exemples de la Chambre des députés du Reichsrath autrichien, de l'Espagne, et de la Bourgeoisie de la ville de Brême.

Certes, on peut dire, — et nous ne l'avons pas caché, — que, si le système autrichien est une forme mixte de la représentation organique, il contient moins de choses modernes que de choses anciennes, trop d'anciennes choses et de trop anciennes choses ; que, même après qu'on y aura, comme on le veut, introduit tout le monde en une cinquième classe, même alors, rajeuni par les pieds, il demeurera trop vieux par la tête. Et pour la cité de Brême, on pourra invoquer des coutumes respectées, rendues vénérables par une longue paix, les mœurs d'une république de marchands, une réalisation locale, avant qu'aucun philosophe l'eût conçu, de ce que Spencer appelle « le gouvernement industriel » ; on pourra observer que la constitution actuelle de la ville libre et hanséatique ne date, il est vrai, comme la nôtre, que de 1875, mais qu'elle a derrière elle et sous elle, la soutenant, la supportant, les fortes assises d'une tradition lentement formée et qu'une révolution terrible n'a pas interrompue, de telle sorte que les classes professionnelles n'y sont que ses corporations de jadis, décoiffées de la salade, démaillottées de la cotte, vêtues à la moderne.

Tout cela, on le dira sans doute, et ce sera juste ; on dira, et ce sera juste, que Brême, en somme, n'est qu'une ville ; ou si, avec ses faubourgs et sa banlieue, on l'élève à la dignité d'Etat, que ce n'est qu'un Etat minuscule, et encore un Etat communal.

Mais la constitution espagnole est de 1876 ; la dernière loi qui porte règlement des élections aux Cortes est de 1890 ; les chambres de commerce, d'industrie ou d'agriculture, les *Sociétés des Amis du pays* sont des groupes ouverts et libres, de type pleinement moderne, Même pour ce qui est de l'Autriche, le système décrit, trop resserré, ne peut-il être développé ? et, trop ancien, ne peut-il être renouvelé ? Et pour ce qui est de Brême, l'exemple d'un État communal ne peut-il pas être étendu à un État national ? D'un petit État à un grand y a-t-il ici plus qu'une question de mesure ? Les cadres de la représentation ne pourraient-ils pas être chez nous, — on ne dit pas identiques, — mais semblables ? et aussi bien nous ne proposerions pas de copier servilement, en France, ni Brême, ni l'Espagne, ni l'Autriche.

Que si, néanmoins, l'on s'obstine à croire qu'il faut, pour une pareille organisation, comme une prédisposition héréditaire ; que les nations contemporaines y sont impropres ou peu propres, à moins qu'elles ne se souviennent d'un de leurs états antérieurs et s'y sentent encore en secret attachées ; à moins qu'elles ne soient restées presque stationnaires ou ne soient entrées qu'à regret, et en résistant, dans les voies modernes ; si on le croit, si on le dit, nous répondrons par ce qui s'est passé en Belgique, pendant les débats sur la révision de la constitution, il n'y a guère plus de deux ans.

III. — FORMES NOUVELLES, OU PROJETS DE « REPRÉSENTATION ORGANIQUE »

La révision de la Constitution belge (1890-1893).

La Belgique est bien un État moderne, et c'est bien le problème de la construction de l'État moderne qui, récemment, s'est posé devant elle, sous les espèces de l'extension du droit de suffrage jusqu'au suffrage universel. De toutes les nations de l'Europe, c'est donc elle qui a fait la dernière expérience, et, par cela même qu'elle est venue la dernière, c'est donc elle qui l'a faite sur les données les plus complexes, dans la complexité toujours croissante de l'Etat moderne. Elle l'a abordée, cette expérience, non pas avec la béate ignorance et l'optimisme naïf de 1848, où il semblait qu'on projetât l'humanité dans la lumière, le bonheur, l'amour et le progrès infinis, mais avec le sentiment plus éclairé des maux qui accompagnent la toute-puissance de la foule : de la sotte crédulité, de l'inconstance puérile, de l'envieuse lâcheté, de la brutalité sauvage du Nombre ; elle est allée vers le suffrage universel, après le suffrage universel ; contrainte à le subir, elle le connaissait par nous, et elle s'est méfiée. Ses hommes politiques ont essayé de tous les remèdes, de tous les préservatifs, de tous les dérivatifs ; ils ont multiplié les précautions et prescrit à l'avance une rigoureuse antisepsie. Qu'ils se soient entendus sur la meilleure médecine, je ne sais et, à la vérité, je ne le pense pas ; mais ils ont vu le danger et ils ont voulu le combattre.

Eh bien ! dans cette poursuite de l'antidote aux maux inévitables de l'inévitable suffrage universel, il n'y a pas eu moins de quinze à vingt propositions impliquant à quelque degré la représentation organique sur la base professionnelle. J'écarte tout de suite celles de ces propositions qui n'avaient d'autre objet que de constituer, pour le Sénat ou la Chambre des représentants (c'est le plus souvent au Sénat que l'on pensait) des catégories d'éligibles ; — car, par les catégories d'éligibles, bien que l'on ait, en cette occasion, soutenu une théorie contraire, — on n'organise que le corps élu, nullement le corps électoral ; et ainsi ce n'est pas le suffrage que l'on organiserait, ou l'on ne l'organiserait que très indirectement. Mais il y en avait d'autres, et plusieurs autres, qui, partant d'un principe différent, organisaient vraiment le suffrage universel, en organisant le corps électoral, et qui eussent donné vraiment une représentation organique.

Telles d'entre elles aboutissaient, plutôt qu'à la représentation professionnelle, à une sorte de représentation des intérêts, formés en masse, totalisés et « socialisés », et puis répartis en trois groupes : Capital, Travail, Intelligence ou Science. A chacun d'eux était attribué un tiers des sièges à pourvoir, et dans chacun de ces groupes d'intérêts, si généraux qu'ils étaient censés réunir et classer tous les intérêts sociaux, des intérêts plus particuliers marquaient ensuite des subdivisions. Le capital, par exemple, se subdivisait en mobilier et en immobilier ; comme il avait en tout 72 sièges, l'immobilier en avait 36. Lui-même se subdivisant en grande propriété et petite propriété, la grande propriété foncière prenait 18 de ces sièges, et la petite, 18. Enfin l'une et l'autre étant ou urbaines ou rurales, c'était une subdivision de plus : la grande propriété urbaine avait 9 sièges et, la grande propriété rurale 9 ; de même pour la petite propriété foncière.

Quelques propositions analysaient autrement la société, divisaient plus et subdivisaient moins, et au lieu de trois grands groupes, établissaient du premier coup dix catégories « d'intérêts ou de fonctions sociales » mais plus près de la représentation professionnelle : Agriculture, Industrie, Commerce, Propriété, Administration, Enseignement, Art, Médecine et Hygiène, Organisation judiciaire, Défense nationale. Ailleurs encore on trouvait le souci de ce qui est, en effet, le fondement de toute représentation organique : la double base territoriale et sociale. Si ce n'est pas tout à fait « la représentation réelle du pays », parce que les « unions intermédiaires », les « corps constitués » n'y ont point la place qu'ils ont dans le pays, en toutes ces propositions, du moins, on sont le besoin de sortir de « l'inorganique » et de se rapprocher de « l'organisé ».

Ce n'est pas un fait sans signification, c'est un symptôme, qu'elles aient été aussi nombreuses pendant les trois ans qu'a duré la révision de la constitution belge. Et comme, doctrinalement, la même conclusion s'imposait à toutes les écoles philosophiques, historiques et juridiques, pratiquement, sur le terrain législatif, la même solution se présentait à tous les partis ; car M. Helleputte ou M. le duc d'Ursel peuvent être suspects de tendresse pour la corporation chrétienne du moyen âge ; mais je ne sache pas que M. Féron, M. Janson, ni même M. le comte Goblet d'Alviella puissent l'être. Ces propositions ont contre elles pourtant de n'avoir pas été admises : la Belgique leur a préféré un simple expédient, le vote plural, mais il est bon d'en donner les motifs, qui se réfutent d'eux-mêmes.

On a dit : « La représentation des intérêts (c'était bien d'elle qu'il s'agissait) est *impossible* dans les conditions actuelles de notre état social. » Et voilà un bel argument, par lequel une réforme est arrêtée tout net, mais d'un *a priorisme* par trop décidé et tranchant ; autant vaudrait, *a priori*, l'affirmation contraire. Il ne faut pas affirmer, ni nier ; il faut voir. On a dit encore, et c'est la même idée sous une autre forme : « La représentation des intérêts a des côtés séduisants, mais les plus chauds partisans de ce système n'ont pas réussi à le traduire en formule pratique. » Et voilà aussi un bel argument, mais qui va très vite en besogne et que nous connaissions déjà.

M. Beernaert en convenait : « Le principe serait excellent. » Mais il avait peu de foi dans les partis : « On ne peut guère attendre d'eux que la pondération des divers intérêts puisse être étudiée et réglée dans un esprit de justice absolue. » Cependant, reprenait-on en chœur, si, à un moment donné, les questions économiques et sociales viennent à primer toutes les autres, à cette heure-là, lointaine encore, on se ralliera à la « représentation des intérêts. »

D'où nous tirons le droit de joindre aux exemples empruntés des législations positives ces propositions restées en chemin. Elles montrent que l'on pense toujours à la représentation organique, — dont la représentation des intérêts n'est qu'un aspect ; — que l'on y pense, non comme à une curiosité du passé, mais comme à une solution de l'avenir. De toutes les objections que l'on met en avant, de toutes les réserves dont on l'entoure, il n'en est pas une qui repose sur ce qu'elle serait une chose qui ne vit plus, mais sur ce qu'elle serait une chose qui ne pourrait vivre encore. Personne ne songe à en galvaniser les formes mortes, ces vieilles institutions qui sont comme le linceul dans lequel sont cousues les petites nations allemandes, au fond du tombeau où les mure l'empire. Personne n'invoque ou n'évoque le moyen âge ; on n'en cite les survivances que pour ne pas les imiter. Et, si l'on adresse un reproche à la représentation organique, ce n'est point d'être usée, c'est de ne pas être mûre.

Mais est-ce vrai ? et n'est-elle pas mûre ? Est-elle « impossible dans les conditions actuelles de la société » ? Ne peut-on « réussir à la traduire on formule pratique » ? Faut-il renoncer à la régler dans un esprit sinon d'absolue, au moins de suffisante justice ? L'heure enfin est-elle si lointaine, où les questions économiques ou sociales prédomineront sur toutes les autres, et où, par conséquent, il faudra mettre la représentation en harmonie avec le monde transformé ? De cette heure-là, sourd qui n'entendrait pas sonner déjà les premiers coups !

A présent, qu'il y ait quelque difficulté à assurer, en organisant le suffrage, « la représentation réelle du pays », qui le conteste ? Le vice à éviter, ce serait de constituer arbitrairement des groupes ; d'en négliger ou d'en omettre arbitrairement ; de rattacher arbitrairement les citoyens à celui-ci ou à celui-là ; de reconnaître arbitrairement à chacun de ces groupes une importance égale et de ramener ainsi à la représentation des groupes seuls, quand le but est la représentation des individus dans le groupe ; de dédaigner toute proportion et de supprimer radicalement le Nombre, alors que, si le Nombre ne doit pas être tout, il ne doit pas davantage n'être rien. Mais, de ce vice, ne se saurait-on garder, et la difficulté est-elle à jamais insoluble ?

On nous permettra de ne point le croire, et à ceux qui nous interrogent, qui demandent quels seraient les groupes ouverts et libres dont on ferait les cadres du suffrage universel organisé, comment ils subsisteraient et quelle valeur proportionnelle il leur serait attribué, de répondre à présent par des faits et des chiffres, que fournit la statistique officielle de la France. Car, pas une minute, nous n'avons oublié, en cette incursion à travers la théorie, l'histoire et les législations étrangères, que nous ne travaillions ni sur une abstraction, ni sur un cadavre, ni sur un corps autre peut-être que notre corps national ; qu'avant de rien adopter du dehors, il faudrait tout adapter à la France ; et que, si c'est l'Etat français de demain qui est à construire, il ne doit et ne peut sortir que de la France d'aujourd'hui.

VII. ESSAI D'APPLICATION A LA FRANGE DE LA REPRÉSENTATION RÉELLE DU PAYS

La conclusion que l'on attendait doit maintenant apparaître tout entière : on voit quelle serait, selon nous, la solution à la crise de l'Etat moderne. Il semble du moins que, de l'aveu commun, quelques points soient déjà fixés. Par ce qui précède, il est acquis que l'Etat moderne traverse une crise décisive ; que la cause de cette crise est dans le transfert de la toute-puissance au suffrage universel inorganique et anarchique ; que le remède au mal ou l'atténuation du mal, étant donné que le suffrage universel est désormais le support et le moteur nécessaire de l'Etat, réside dans l'organisation de ce suffrage ; et que c'est à quoi aboutissent et la théorie et l'histoire. C'était donc la première partie de notre conclusion.

La seconde partie en a été que le suffrage universel pouvait être organisé sous différentes formes, mais qu'il ne devait l'être, dans l'État moderne, que sous une forme moderne ; qu'il doit demeurer ou devenir vraiment universel et égal, ne comporter ni exclusion ni privilège, ne reconstituer ni l'ordre ni la corporation, ne reposer que sur des groupements ouverts et libres ; enfin que, quelque part en Europe, existe déjà quelque chose de cette organisation du suffrage sous une forme moderne et en vue de l'Etat moderne.

La troisième partie, que voici, est que, ce quelque chose, nous pouvons l'adopter, en nous l'adaptant ; que rien ne s'y oppose ; et que, par conséquent, pour la France elle-même, pour notre France de ce temps et de cette heure, la solution est à la fois parfaitement logique et parfaitement pratique. En son ensemble, elle se formule ainsi : organiser le suffrage universel de telle façon que, suivant et serrant de près *la vie réelle du pays*, il nous donne *la représentation réelle du pays* ; trouver pour lui des cadres qui soient assez solides et pourtant assez souples ; doubler d'une circonscription sociale la circonscription géographique ; et cette circonscription sociale, la tirer des groupements modernes, ouverts et libres, entre autres de la profession entendue au sens large, sans refaire l'ordre, ni la corporation.

Car il faudra bien que l'on nous comprenne ; et, en vérité, il serait trop commode aux anarchistes de toute école, intéressés à empêcher l'organisation de l'Etat par le suffrage universel organisé, de n'avoir qu'à agiter aux yeux ces deux « idoles » ou ces deux spectres : la corporation du moyen âge et l'ordre ! Qui parle de refaire ces vieilleries ? et comment les referait-on ? Qui parle d'en revenir au chariot mérovingien ? ou au « soldat de Marathon », au coureur, porteur de nouvelles ? L'introduction du suffrage universel a, en effet, opéré, dans la politique, une révolution analogue à celle qu'ont opérée, dans l'industrie, l'introduction de la vapeur et de l'électricité. De même que la vapeur implique la machine, et l'électricité, le télégraphe, ainsi le suffrage universel implique une mécanique politique dont les ressorts ne sauraient être l'ordre et la corporation, tant bien que mal raccommodés et repeints.

Cette force immense, la force brute du nombre, indifféremment susceptible d'être un grand fléau ou un grand bienfait, l'on peut et l'on doit la canaliser, la régulariser ; mais non point jusqu'à l'ordre et la corporation. — Trop comprimée, au lieu de faire mouvoir l'Etat, elle le ferait éclater.

Or, puisque là, dans le suffrage universel, est la force motrice qu'il s'agit seulement de discipliner ; puisque c'est là que le régime représentatif doit aller puiser le mouvement et l'action, il est évident que, plus directe sera la prise faite à même le suffrage universel, plus il passera de force dans le régime représentatif et plus il s'y développera de mouvement et d'action. Autrement dit : plus étendue sera la base de l'élection, plus de pouvoir aura la représentation ; plus immédiat sera le contact avec le suffrage universel, plus l'élu aura de crédit, d'autorité, et d'initiative.

Si donc on conserve deux Chambres (et l'on nous dispensera peut-être de rouvrir sur ce sujet une controverse vieille comme le régime même) ; si l'on garde deux Chambres et si la première, la Chambre des députés, est une Chambre pleinement populaire, nommée par tous les citoyens, nul ne s'interposant entre l'électeur et l'élu ; pour la seconde Chambre ou Sénat, il sera également nécessaire : d'une part, — afin que cette seconde Chambre ait une raison d'être et une utilité, — que, dans son origine, elle ne se confonde pas tout à fait avec la première ; d'autre part, — afin que le Sénat ait, à côté et en face de la Chambre des députés, quelque initiative, quelque autorité et quelque crédit, — que, sans que son origine se confonde avec celle de la Chambre des députés, elle s'en rapproche néanmoins le plus possible ; que, sans que sa base d'élection soit aussi étendue, elle soit néanmoins la plus vaste possible ; que, sans que le Sénat naisse et vive d'un contact immédiat avec le suffrage universel, il n'en soit point toutefois si éloigné que la force qui monte d'en bas ait trop de circuit à faire et se perde avant de lui arriver.

Voilà pourquoi nous proposons, pour la Chambre des députés : le suffrage universel, direct, mais organisé en catégories professionnelles, simples circonscriptions sociales ouvertes et libres ; pour le Sénat, un système mixte de suffrage universel à deux degrés et de suffrage très général, organisé d'après « les unions locales » de tout genre : unions administratives, communes et départements ; corps constitués ou associations : académies, universités, cours et tribunaux, chambres de commerce, barreaux d'avocats, chambres de notaires, d'avoués, conseils de prud'hommes, etc. ; pour la Chambre chacune des catégories professionnelles, et, pour le Sénat, chacune des catégories d'unions, — communes, départements et corps constitués, — devant tirer de soi ses représentants.

Il est temps à présent de préciser et de faire voir que ce système pourrait être appliqué, dès aujourd'hui, en France ; comment il pourrait l'être ; quels résultats il donnerait ; et c'est ce qu'on va tenter à l'aide des statistiques officielles. Mais est-il besoin d'avertir que nous ne prétendons point apporter un plan parfait et de tous points définitif ? D'abord, les statistiques officielles, qui en établissent les données, ne sont pas parfaites, surtout en ce qui concerne les professions ; elles en sont loin, et l'on a dû les prendre comme elles sont. Meilleures, elles pourraient servir à une meilleure organisation du suffrage sur la base professionnelle. Ensuite, il n'est pas très commode de définir et de classer « les unions locales. »

Et, pour ce qui est du projet lui-même, il se peut bien qu'il soit, il est certain qu'il sera à corriger, à modifier, à simplifier en quelques-unes de ses parties. Ce sera l'œuvre des hommes de bonne volonté, œuvre dans laquelle ils n'auront pas et nous ne pouvons pas avoir de plus puissant collaborateur que l'expérience ; car il n'est rien comme l'usage, comme la pratique, pour révéler les défauts d'un système politique, et pour le corriger, le modifier ou le simplifier. Ce ne serait pas une petite affaire que d'enseigner à un enfant la théorie de la marche ; et il l'apprend tout seul, en marchant. Ainsi de la pratique, pour tout ce qui est système ; et de l'apparente complication, de l'apparente difficulté, des lacunes apparentes de celui-ci, nous en appelons volontiers à l'usage.

Il nous suffit, pour le moment, de poser cette directrice : « Il faut chercher l'organisation où est la vie, et régler l'action, la proportionner, en quelque sorte, à la quantité des vies individuelles et à la qualité des vies collectives qui font la vie nationale de la France. » L'ayant posée, il nous suffit de montrer, par les chiffres et par les faits, où sont ces vies individuelles, combien elles sont ; ce que sont et combien sont ces vies collectives. L'ayant montré, il nous suffit de dire : C'est par-là qu'il faut commencer, et d'obtenir que l'on commence.

I. — CHAMBRE DES DÉPUTES

Dans le système que nous proposons, — on nous excusera de le répéter encore, — la Chambre des députés « serait élue au suffrage universel direct par tous les citoyens égaux, mais répartis, selon leur profession, en un petit nombre de catégories très ouvertes, en trois ou quatre groupes très larges, embrassant tout le monde, ne laissant personne dehors, ne souffrant ni d'exclusion ni de privilège, chacun de ces groupes devant tirer de lui-même son représentant ; avec une double circonscription : la circonscription territoriale, déterminée par le département, et la circonscription sociale, déterminée par la profession. »

De là, quand on passe à l'application, plusieurs questions à résoudre, en ce qui touche : le classement des professions ; la fixation du quotient électoral ou chiffre d'électeurs exigible pour qu'il y ait droit à un représentant ; la répartition des sièges entre les départements et leur répartition entre les professions ; le groupement naturel des industries par régions ; la concordance, en un mot, de la circonscription sociale avec la circonscription territoriale. A quoi l'on ajoutera l'exemple de quelques départements pris dans le nord, l'est, l'ouest, le centre et le midi de la France.

1° *Du classement des professions.*

Première question : comment, en combien de groupes, et d'après quel principe ou quelle méthode classera-t-on les professions ? car il y a plusieurs principes et plusieurs méthodes en présence. — Il y a la méthode *psychologique*, la classification recommandée par les encyclopédistes, par Diderot et d'Alembert, où les professions sont rangées « quant à leur dépendance vis-à-vis des trois facultés de l'entendement : mémoire, imagination et raison. » — Il y a la classification *économique* de Charles Dupin, fondée sur les besoins matériels de l'homme. — Il y a la classification en même temps *politique* et *économique*, ou *politico-sociale*, de

Bluntschli. — Il y a la classification *physiologique* de M. le docteur Bordier, « en professions manuelles et professions cérébrales. » Il y a la classification *scientifique* de M. Guillaume de Greef, les professions groupées selon que leurs procédés se rapportent aux mathématiques, à la physique, à la chimie, etc.

Il y en a d'autres encore, assurément ; si donc nous faisions de la théorie pure, nous n'aurions, entre elles, que l'embarras du choix. Mais nous ne faisons point de l'art pour l'art : nous faisons de l'art pour la vie ; et il nous importe moins de savoir ce que vaut *théoriquement* ou *absolument* telle ou telle de ces classifications, — ce qu'elle vaut pour l'art, — que de savoir ce qu'elle vaut *pratiquement* et *relativement*, — c'est-à-dire pour la vie, pour la politique. Quel que soit le fondement de la méthode, psychologique, physiologique, scientifique ou économique, il nous importe peu pour la vie, pour la politique. L'essentiel est qu'elle fonctionne, qu'on ne puisse pas objecter qu'elle « ne marchera pas » ; puis qu'elle « marche » ; et qu'elle atteigne, en somme, à une suffisante exactitude.

C'est le cas de la classification employée dans les statistiques. Elle comporte ordinairement huit groupes : agriculture ; industrie ; transports, postes et télégraphes ; commerce ; force publique ; administration publique ; professions libérales ; personnes vivant exclusivement de leurs revenus. On y joint quelquefois un neuvième groupe : la profession de « sans profession », ce qu'on appelle « la population non classée » (hôpitaux, prisons, etc.), et les gens de « profession inconnue ». Mais, au point de vue de l'organisation du suffrage, on peut négliger ce neuvième groupe et ne retenir que les huit premiers. D'autre part, comme l'armée active ne vote pas, dans l'état présent de notre législation, on peut, défalcation faite de certaines unités comprises sous cette rubrique générale, éliminer, toujours au point de vue de l'organisation du suffrage, le cinquième groupe : *force publique*. Soit, en fin de compte, sept groupes professionnels très larges, susceptibles de servir de cadres au suffrage universel organisé, de former sept catégories électorales très ouvertes : agriculture ; industrie ; transports, postes et télégraphes ; commerce, administration publique ; professions libérales ; rentiers.

Tel est le classement usité par les statistiques officielles, et l'on ne prétend pas, encore une fois, que, non plus que ces statistiques elles-mêmes, ce classement soit irréprochable. Mais qu'il y ait huit ou neuf groupes principaux ou qu'il y en ait plus ou moins, on voit qu'il est possible de ramener toutes les professions existantes à « un petit nombre de catégories très ouvertes, de groupes professionnels très larges, embrassant tout le monde, ne laissant personne dehors, ne souffrant ni d'exclusion ni de privilège » ; et, par le groupe professionnel, de déterminer, pour chaque individu, pour chaque électeur, une « circonscription sociale. »

Il s'agit maintenant de montrer que cette circonscription sociale, déterminée par la profession, peut coïncider avec une circonscription territoriale, déterminée par le département et, pour cela, de dire comment seront répartis les sièges : d'abord entre les départements ; puis, dans chaque département, entre les divers groupes professionnels. Mais, tout d'abord, entre les départements.

2° *Du quotient électoral ou chiffre qui donne droit à un représentant.*

Supposons, pour toute la France, un nombre rond de 10 millions d'électeurs et une Chambre de 500 membres : le quotient électoral, ou chiffre d'électeurs qui donne droit à un député, sera le quotient de la division de 10 000 000 par 500, ou 20 000. La circonscription territoriale étant le département, autant de fois un département comptera 20 000 électeurs inscrits, autant il aura de députés.

Supposons, pour un département, un chiffre rond de 100 000 électeurs inscrits et une représentation de 5 membres : le quotient électoral sera le quotient de la division de 100 000 par 5 ; ou 20 000 encore. La circonscription sociale étant le groupe professionnel, autant de fois un groupe comptera 20 000 électeurs, autant il aura de sièges, sur le total de ceux qui reviennent au département. La répartition des sièges se fera, par conséquent : entre les 87 départements, au prorata des électeurs inscrits ; et, dans chaque département, au prorata des électeurs appartenant aux divers groupes professionnels. Commençons par le commencement ; répartissons, entre les 87 départements de la France, les 500 sièges de la Chambre des députés.

3° *Répartition des sièges entre les départements.*

Le quotient de la division de 10 millions d'électeurs par 500 sièges, ou le chiffre nécessaire de 20 000 électeurs inscrits pour un député, telle serait la commune mesure, l'unité de représentation, la toise électorale sous laquelle passeraient d'abord les départements. Mais c'est pour plus de rapidité que l'on s'en est tenu au nombre rond de 10 millions d'électeurs et au quotient de 20 000 : le nombre exact est un peu plus élevé : 10 489 016 (chiffres de 1894) ; ce qui donne un quotient électoral un peu plus élevé aussi : 20 978. Prenez à présent un de nos départements, le premier dans l'ordre alphabétique, le département de l'Ain. On y relève 104 333 électeurs inscrits. Divisez par 20 978. Ce département aura tout de suite droit à 4 sièges : actuellement il en a 6.

A cette répartition nouvelle, — le nombre total des sièges étant d'ailleurs diminué de 82, — beaucoup des départements perdent un siège ; quelques-uns en perdent deux ou plus ; plusieurs gardent ce qu'ils en ont : l'Allier, par exemple : 128 978 électeurs inscrits, aurait alors 6 sièges ; et justement, il en a 6 ; quelques-uns même gagneraient un représentant, comme le Puy-de-Dôme : 173 202 inscrits, qui aurait 8 sièges, et qui n'en a que 7.

Somme toute, certains départements perdant 1 siège ou 2, d'autres se maintenant, d'autres en gagnant un, rien qu'au moyen de cette division par le *quotient électoral plein* ou 20 978, on arrive à 450 sièges, sur une Chambre réduite de 582 membres à 500. On a laissé tomber les fractions, si importantes qu'elles fussent, et même avoisinant 20 978. Une seule exception a dû être faite pour le territoire de Belfort (Haut-Rhin : 19 643 électeurs) qui, sans elle, n'aurait pas été représenté du tout. Mais il reste, après cette répartition *au quotient plein* de 20 948 électeurs inscrits, cinquante sièges à attribuer. Comment et à qui les accordera-t-on ?

Il y a deux manières de procéder : selon que l'on borne strictement à 500 le nombre total des députés, y compris les représentants des colonies ; ou que l'on réserve les 500 sièges exclusivement à la France continentale, les colonies n'étant point représentées dans le parlement de la métropole, — ce qui, théoriquement, peut fort bien se soutenir — ou l'étant par surcroît et en supplément. Dans le premier cas : 500 sièges, colonies comprises, la solution n'est pas très malaisée ; des 50 sièges qui restent, on retire les 16 sièges qui sont attribués aux colonies, et il n'en reste plus que 34 à pourvoir ; dans le second cas : France continentale seulement, ce sont 50 sièges nets qui restent à répartir entre les départements.

Dans l'un et l'autre cas, qu'il s'agisse de 34 sièges ou de 50, pourquoi ne pas les attribuer aux départements qui, leur part une fois faite par *le quotient plein*, présentent encore les plus forts excédents ? Ainsi le département de l'Ain a reçu, dans la répartition au quotient plein, 4 sièges, représentant 83 912 électeurs sur 104 333 ; son excédent est donc de 20 421 : il aurait un cinquième siège. De même, dans le premier cas (colonies comprises) pour 33 et dans le second cas (France continentale seule) pour 49 autres départements ; et, de la sorte, les 500 sièges se trouvent pourvus. Voilà la « circonscription territoriale » formée et la répartition faite entre les départements : il faut maintenant former la « circonscription sociale » et, dans chaque département, faire la répartition entre les groupes professionnels.

4° *Répartition des sièges entre les groupes professionnels.*

Pour la répartition des sièges attribués à chaque département entre les divers groupes professionnels, le quotient électoral sera le quotient de la division du nombre d'électeurs inscrits dans ce département par le nombre de sièges auxquels il a droit. Le principe est le même que pour la répartition des 500 sièges entre les 87 départements. Autant de fois le nombre d'électeurs appartenant à un groupe professionnel contiendra le quotient électoral, autant ce groupe aura de représentants parmi les députés du département. Mais ici on se heurte à des difficultés dont les plus sérieuses proviennent de l'imperfection des statistiques. Nos statisticiens officiels ne paraissent point s'être doutés qu'il pût y avoir jamais une corrélation quelconque entre la profession et l'électorat ; et, tandis qu'ils nous prodiguent les renseignements sur les *condamnés* et les *divorcés* par profession, des *électeurs* par profession, ils n'ont garde de souffler mot.

Si, par suite, l'on pense voir dans le système quelque lacune ou quelque porte-à-faux, ce n'est point dans le système lui-même qu'ils sont, mais dans ses substructions ; et cela tient à la médiocre qualité des matériaux. Si quelque chose ne joue pas aussi bien qu'on le souhaiterait, c'est parce que les données de la statistique sont incomplètes et ne concordent pas. A cause de cette insuffisance et de ce manque de concordance, on ne peut arriver, pour l'instant, qu'à une exactitude et à une clarté, à une simplicité moindres que celles où l'on arriverait dès que ce trou serait comblé dans les statistiques ; c'est-à-dire, pour peu qu'on le veuille, dès demain, dès les premières élections générales ou le premier dénombrement. Faites-nous une bonne statistique des électeurs inscrits par profession, et nous vous ferons une bonne représentation organique, fondée sur les groupements professionnels.

En attendant, il faut user de ce que l'on a et prendre les statistiques telles qu'elles sont. Elles nous donnent la population professionnelle par sexe : retenons le sexe masculin ; et par âge : retenons les hommes au-dessus de 20 ans. Faisons-le pour chacune des cinq conditions de *patrons, employés, ouvriers, famille, domestiques*, dans chacune des huit professions : agriculture, industrie, commerce, transports, force publique, administration publique, professions libérales, personnes vivant exclusivement de leurs revenus.

Additionnons : le total, en chaque département, dépassera naturellement le chiffre des électeurs inscrits, car il comprend : 1° les hommes de 20 à 21 ans qui ne sont pas encore électeurs ; 2° les étrangers ; 3° les incapables ; 4° les indignes, etc. De là, un écart entre la population professionnelle et la population électorale, écart qu'il dépend de la statistique de faire disparaître quand on le voudra ; et de là, un écart entre le quotient électoral, pour l'attribution des sièges aux groupes professionnels dans chaque département, et le quotient électoral, suivant lequel les cinq cents sièges de la Chambre ont été distribués aux quatre-vingt-sept départements de France : écart qui disparaîtra aussitôt qu'une statistique mieux conçue aura fait disparaître l'autre.

5° *Exemple de cinq départements : Nord, Calvados, Ardennes, Hérault, Loire.*

Par exemple, voici l'un de nos départements les plus considérables, le Nord. En faisant le total des hommes au-dessus de 20 ans dans les diverses conditions des divers groupes professionnels, on obtient le chiffre de 512 854, — chiffre de la population professionnelle, masculine et adulte, — de 100 000 unités plus fort que le nombre des électeurs inscrits : 404 646. Le quotient électoral pour la répartition des dix-neuf sièges entre les professions, dans ce département, sera donc de quelques milliers d'unités plus fort, lui aussi, que le quotient électoral pour la répartition des cinq cents sièges entre tous les départements : 26 992, au lieu de 20 978. Avec des statistiques concordantes, le dividende étant le même, la population électorale se retrouvant exactement dans la population professionnelle, et le diviseur ne variant pas, le quotient serait le même : 20 978 : autant de fois un groupe professionnel compterait 20 978 électeurs inscrits, autant donc il aurait de représentants, sur le nombre de ceux qui forment la députation du département du Nord. Mais, par la faute des statistiques, nous ne savons que très approximativement, pour l'instant, comment les électeurs se répartissent, dans le Nord, entre les groupes professionnels. C'est pourquoi nous devons, jusqu'à correction de ces données, opérer sur ce chiffre de 512 854, et ses composants que nous allons voir, avec ce quotient de 26 992, comme s'ils étaient vrais, ce qu'ils ne sont, au point de vue électoral, ni les uns, ni les autres. Mais1 enfin, ce n'est pas tant d'opérer sur les chiffres vrais qu'il importe ici, que d'opérer sur des chiffres quelconques : ce qui importe, c'est de montrer que le mécanisme marche, et comment il marche.

Soit, si on le veut, un total de 512 854 électeurs ; soient dix-neuf sièges ; soit, en conséquence, un quotient électoral de 26 992. Dans ce total : 512 854, l'agriculture figure pour 121 857 ; l'industrie, pour 239 497 ; le commerce, pour 80 742 ; les transports pour 24 261 ; la force publique, pour 15 416 ; l'administration publique, pour 8050 ; les professions libérales, pour 11 793 ; les personnes vivant exclusivement de leurs revenus, pour 11 258.

Refaisons ce que nous avons fait lors du partage des cinq cents sièges entre les quatre-vingt-sept départements : divisons chacun de ces nombres par le quotient électoral. Une première répartition au quotient plein donne : à l'agriculture *quatre* sièges ; à l'industrie *huit* sièges ; au commerce *deux* sièges : et *quatorze* sièges sont ainsi attribués, sur les dix-neuf auxquels a droit le département du Nord.

Par les autres professions, par aucune des autres prise séparément, le quotient électoral n'est atteint : les transports n'en sont pas très loin : 24 261 ; ni la force publique, ni l'administration publique, ni les professions libérales, ni les rentiers n'en approchent. Mais de la force publique, il y a peu à se préoccuper, pour le motif déjà donné que, dans sa masse, elle ne vote pas, l'armée active ne votant pas. On ne retient que cette partie de la force publique, assurément la plus petite, qui jouit des droits électoraux et, ne pouvant l'évaluer au juste, on ne la porte au tableau que pour mémoire. Pour l'administration publique, les professions libérales et les rentiers, est-ce faire trop de violence à la logique, à la réalité, que d'en composer, au point de vue de la représentation, un seul groupe professionnel ? Additionnés ensemble, leur somme est de 31 101. Et, dans ce cas, à ce groupe formé des trois professions est attribué le quinzième siège.

Il en reste quatre à pourvoir ; et c'est le lieu ou le moment de reprendre les plus forts excédens. Dans la première répartition, le commerce n'a reçu que deux sièges : il s'en fallait d'une ou deux centaines d'unités que le quotient plein y entrât une troisième fois ; le plus fort excédent, c'est lui qui le présente : 26 758 ; à lui, le seizième siège. Après le commerce, viennent les transports, avec 24 261 électeurs inscrits ; ils auront le dix-septième siège, le dix-huitième et le dix-neuvième reviendront à l'agriculture : excédent de 13 889, et à l'industrie : excédent de 13 561.

Si bien que, le système de la représentation réelle du pays adopté et appliqué, la députation du département du Nord comporterait dix-neuf membres, dont cinq nommés par et parmi le groupe de l'agriculture ; neuf, par et parmi le groupe de l'industrie ; un, par et parmi le groupe des transports ; trois, par et parmi le groupe du commerce ; un, par et parmi le groupe de la force publique (en tant qu'elle est admise au vote), de l'administration publique, des professions libérales et des rentiers réunis.

Le Nord est un département industriel ; passons à un département agricole : le Calvados. Le Calvados a, d'après les statistiques électorales, 113 138 électeurs inscrits, ce qui lui donnerait droit à cinq députés. D'après les statistiques professionnelles, et pour les motifs ci-dessus indiqués, parce que ces chiffres comprennent les étrangers, les militaires, les incapables, les indignes, et les hommes entre 20 et 21 ans, le total par profession serait également un peu supérieur : 130 916, — total certainement inexact au point de vue électoral, mais sur lequel, faute de mieux, nous sommes contraints de raisonner. À ce compte, le quotient pour la répartition entre les groupes professionnels dans le Calvados serait de 26 185.

Dans le total de 130 916, l'agriculture figure pour 63 406 ; l'industrie, pour 29 452 ; les transports, pour 6 406 ; le commerce, pour 13466 ; la force publique, pour 3 363 ; l'administration publique, pour 3 476 ; les professions libérales, pour 5 033 ; les rentiers, pour 6 334. — L'agriculture aura, dès la répartition au quotient plein, *deux* députés ; l'industrie, *un*. Aucun des autres groupes, séparément, n'atteint, à beaucoup près, le quotient électoral.

Procédons comme dans le département du Nord. Réunissons la partie votante de la force publique (pour mémoire), l'administration publique, les professions libérales, et les rentiers : ensemble, c'est un groupe de 14 843. Mais si ni la logique ni la réalité ne souffrent de ce qu'on les réunit, souffriraient-elles de ce que l'on-joindrait les transports, ou à l'industrie, ou au commerce, — dans l'espèce, au commerce, puisque l'industrie se suffit à elle-même ? — Transports et commerce joints font un chiffre de 19 872 ; le quotient électoral n'est pas encore atteint ; il y a donc lieu de recourir au classement des excédents, et, de par ce classement, les transports et le commerce, — troisième groupe, — ont le quatrième siège ; la force publique (en tant qu'elle vote), l'administration publique, les professions libérales et les rentiers (quatrième groupe), ont le cinquième siège.

En récapitulant, sur les cinq députés du Calvados, deux, dans ce système, seraient choisis par et parmi le groupe de l'agriculture ; un, par et parmi le groupe de l'industrie ; un, par et parmi le groupe du commerce et des transports ; un, par et parmi le groupe de la force publique, de l'administration publique, des professions libérales et des personnes vivant exclusivement de leurs revenus.

Passons à présent de l'ouest à l'est. Les Ardennes ont quatre députés, pour 87 739 électeurs inscrits ; mais les mêmes causes d'erreur font que nous sommes forcés de raisonner comme s'ils étaient 102 098, chiffre total de la population professionnelle masculine et adulte. Le quotient de répartition des sièges entre les professions, dans ce département, serait alors de 25 502. L'agriculture : 32 298, aurait de droit *un* député ; l'industrie, *un* aussi : 45 978.

Mais une plus grande difficulté se rencontre, qui ne nous avait pas encore arrêtés. Même en formant deux groupements du second degré, l'un avec les transports et le commerce, l'autre avec la partie votante de la force publique, l'administration publique, les professions libérales et les rentiers, on ne parvient pas, — il s'en faut de beaucoup, — à atteindre le quotient électoral ; le premier de ces groupements ne monte qu'à 11 532 et le second qu'à 11 710. — Et l'embarras augmente, par ce fait que l'industrie, pourvue déjà d'un député après la répartition au quotient plein, offre, en outre, un excédent de 20 476 voix ; et qu'il serait parfaitement injuste qu'avec 45 978 voix, — près de deux fois le quotient électoral, — elle n'eût cependant qu'un représentant, tout comme les transports et le commerce ou comme les autres professions qui, réunies, ne montent pas même à la moitié de ce quotient.

C'est une difficulté sérieuse, on le reconnaît et l'on ne cherche pas à l'atténuer ; sérieuse, mais non insoluble. Car on peut ajouter (et qu'y aurait-il, là encore, de contraire, soit à la logique, soit à la réalité ?) les transports et le commerce : 11 532 électeurs, à l'excédent de l'industrie : 20 476 ; ce qui donne 34 008 voix, lesquelles ont droit au troisième représentant par 23 302 et laissent un nouvel excédent de 8 500.

Cet excédent et celui qu'a laissé l'agriculture (6 796) étant tous les deux inférieurs à la somme des quatre dernières professions (11 532), et ces professions étant, au demeurant, les seules qui ne soient pas encore plus ou moins représentées, le quatrième siège leur est attribué ; et la députation des Ardennes est composée de quatre députés nommés : un, par et parmi le groupe de l'agriculture ; deux, par et parmi le groupe de l'industrie, des transports et du commerce ; un, par et parmi le groupe de la force publique (en tant qu'elle vote), de l'administration publique, des professions libérales et des personnes vivant exclusivement de leurs revenus.

A l'autre extrémité de la France, prenons l'Hérault, qui, pour

140 420 électeurs inscrits, a droit à sept représentants. Le total de la population masculine et adulte classée par profession, — total trop élevé, comme on le sait, — serait de 150 251, force publique non comptée, et le quotient électoral, pour la répartition entre les groupes professionnels, de 21 404. L'agriculture : 78700, aurait *trois* sièges de plein droit ; l'industrie : 23 963, *un* siège ; le commerce : 23 623, *un* siège : cinq sièges sur sept se trouvent attribués ; il en reste deux.

Formons les groupements du second degré. Ajoutons les transports : 7 296, ou bien au commerce, ou bien aux excédents laissés par le commerce, 2 159, et par l'industrie, 2 504 : ensemble 11 959. Additionnons la force publique (pour mémoire), l'administration publique, les professions libérales et les rentiers ; ensemble 16 598. Ni l'une ni l'autre de ces sommes n'atteignant le quotient électoral, il faut avoir recours au procédé des plus forts excédents. Le sixième siège est donc attribué au quatrième groupe : administration publique, professions libérales, etc. (16 598), et le septième, à l'agriculture : excédent, 14 374. — La représentation de l'Hérault comprend : quatre députés nommés par et parmi le groupe de l'agriculture ; un député nommé par et parmi le groupe de l'industrie ; un député nommé par et parmi le groupe du commerce et des transports ; un député nommé par et parmi le groupe de la force publique votante, de l'administration publique, des professions libérales et des personnes vivant exclusivement de leurs revenus.

En descendant vers le Midi, nous eussions pu faire halte dans le Centre, dans le département de la Loire. La Loire, d'après les statistiques électorales, compte 163 440 inscrits : elle a droit à huit députés ; mais les statistiques par profession obligent à raisonner sur 196 541, avec un quotient de 24 567. Une première répartition au quotient plein donnerait à l'agriculture deux sièges ; à l'industrie, trois sièges ; il resterait trois sièges à pourvoir sur huit. Les groupements du second degré font monter le commerce et les transports réunis à 23 329 ; la force publique (en tant qu'elle vote), l'administration publique, les professions libérales et les rentiers, à 12 555. — Le quotient électoral n'est pas atteint. Si l'on recourt alors à la méthode des plus forts excédens, le sixième siège revient à l'industrie : 24 136 ; le septième, aux transports et au commerce réunis : 23 329.

Pour le huitième siège, il y a, là aussi, une difficulté ; l'excédent laissé par l'agriculture, 13 680, dépasse légèrement la somme des quatre dernières professions, 12 555 ; et, elle aussi, cette difficulté, est sérieuse, mais, elle non plus, elle n'est pas insoluble. Elle place seulement dans la nécessité de choisir entre deux solutions : ou bien s'en tenir à la rigueur des chiffres et attribuer le siège à l'excédent le plus fort, quand même un groupe ne serait point représenté ; ou bien, comme il ne s'agit pas de représentation *proportionnelle* ni *mathématique*, mais de représentation *professionnelle* et *organique*, de prévoir l'exception dans la loi et de faire fléchir la rigueur des chiffres ; en considération surtout de ce que : 1° l'agriculture a déjà deux représentants : les autres professions, administration publique, rentiers, etc. n'en auraient pas ; 2° et de ce que le total des quatre dernières professions monte à plus de la moitié du quotient, laquelle n'est, en effet, que de 12 283.

Cette seconde solution admise, la représentation du département de la Loire se composerait : de deux députés nommés par et parmi le groupe professionnel de l'agriculture ; de quatre députés nommés par et parmi le groupe de l'industrie ; d'un député nommé par et parmi le groupe formé du commerce et des transports ; et d'un député, nommé par et parmi le groupe de la force publique (en tant qu'elle vote), de l'administration publique, des professions libérales et des personnes vivant exclusivement de leurs revenus. Différemment, la première hypothèse préférée, pour le département de l'Hérault, on aurait : agriculture, trois députés ; industrie, quatre ; transports et commerce, un ; professions libérales, etc., non représentées. De toute évidence, l'autre solution vaut mieux, comme plus conforme à l'esprit d'une représentation organique, d'une représentation réelle du pays, dont le premier principe est que tout ce qui vit dans le pays doit être représenté dans le parlement.

6° *Règles pour la formation des groupements professionnels.*

De ces divers exemples tirés de diverses parties de la France, il semble résulter que l'on peut dès maintenant poser les quelques règles qui suivent :L'agriculture, l'industrie et le commerce atteignant partout ou presque partout le quotient électoral, ou chiffre nécessaire pour avoir droit à un représentant, constitueront, partout ou presque partout des groupes séparés : agriculture, un groupe ; industrie, un groupe ; commerce, un groupe.

Toutefois, le groupe professionnel dit des transports pourra au besoin être joint, suivant les cas, au commerce ou à l'industrie ; former groupement du second degré avec l'un ou l'autre de ces groupes, ou l'excédent de l'un d'eux, ou les excédons de l'un et de l'autre, si l'un d'eux seulement ne suffisait pas pour que ce groupe fût représenté.

La force publique (en tant qu'elle vote), l'administration publique, les professions libérales et les rentiers, qui nulle part ou presque nulle part n'atteignent le quotient, sont considérés, au point de vue de l'élection, comme faisant, par département, un seul groupement professionnel.

Ces groupements du second degré n'ont, on ne craint pas de le redire, rien qui blesse en aucune façon la logique ni la réalité ; mais, on a le devoir de le redire aussi : *les cadres que nous empruntons n'ont rien de sacré, ni d'obligatoire.* Nous nous en sommes servis, parce que ce sont ceux d'après lesquels sont établies les statistiques officielles, comme nous nous sommes servis des chiffres fournis par les statistiques, bien que nous les sachions contestables et même manifestement faux, du moins pour l'application que nous en voulions faire. Mais ces chiffres peuvent être rectifiés et ces cadres peuvent être modifiés.

Quoi qu'on en pense et quoi qu'on y veuille changer, tant qu'ils sont ce qu'ils sont, la représentation organisée ou réglée sur les cadres professionnels comporterait au maximum huit groupes, au minimum trois groupes, par et parmi lesquels seraient élus les députés.

Le département formerait la circonscription territoriale ; et le groupe professionnel, dans le département, la circonscription sociale. Ce groupe serait d'ailleurs du premier ou du second degré, selon qu'il comprendrait une profession seule ou plusieurs professions. Faire ainsi, par le rapprochement et la réunion de divers groupes, des groupements professionnels du second degré, c'est donc élargir, étendre la circonscription sociale, et cela suffit dans la plupart des cas (surtout étant admis le procédé de la reprise des plus forts excédents) pour que toutes les professions retenues par le classement officiel soient représentées, le soient mieux et plus directement.

Mais ce n'est point l'unique moyen d'assurer le fonctionnement du système et l'on pourrait, au lieu de la circonscription sociale, élargir et étendre la circonscription territoriale. C'est-à-dire que, au lieu de faire des groupements du second degré, comme le groupe *du commerce et des transports*, par la réunion des deux groupes professionnels : 1° du commerce, et 2° des transports, on pourrait décider que le département n'est pas une circonscription fixe, fermée et infranchissable, et admettre, non plus que plusieurs professions dans un département, mais bien que plusieurs départements pour une profession réunissent leurs contingents électoraux jusqu'à ce que le quotient soit atteint.

Au lieu de joindre ensemble, dans un département, des professions similaires, on joindrait, pour une profession, des départements voisins, à l'exemple de ce qui se passe en Espagne, quand il s'agit des universités littéraires ; des *Sociétés économiques d'Amis du pays* ; et des chambres de commerce, d'industrie ou d'agriculture. On se souvient que chacune de ces universités, de ces sociétés et de ces chambres a droit à un député lorsqu'elle compte 5 000 électeurs inscrits ; et que « si, à elle seule, une de ces corporations ne compte pas les 5 000 électeurs nécessaires, elle se joint, pour constituer un collège électoral, aux autres corporations de même classe ou de même ordre, géographiquement les plus voisines. »

7° *Groupement naturel des industries par régions.*

Autant en pourrait-on faire en France avec les catégories professionnelles, de département à département, entre départements voisins ; et ce groupement-là, non plus, ne serait contraire ni à la logique ni à la réalité ; car il n'y a qu'à jeter les yeux sur une carte pour voir que les industries, les professions elles-mêmes se groupent comme naturellement par régions. Ainsi, *les mines et la métallurgie* forment en France six groupes régionaux : 1° au *nord*(départements du Nord et du Pas-de-Calais) ; 2° à l'*est* (Ardennes, Meuse, Meurthe-et-Moselle, Haute-Marne) ; 3° dans la *région de Paris* (Oise, Seine, Seine-et-Oise) ; 4° à l'*ouest* (Manche, Mayenne, Sarthe, Maine-et-Loire, Loire-Inférieure) ; 5° au *centre* (Saône-et-Loire, Loire, Cher, Nièvre, Allier, Puy-de-Dôme) ; 6° au *sud-est* (Gard, Aveyron, Tarn, Hérault, Bouches-du-Rhône).

Les *grandes industries*, autres que la métallurgie et les mines, forment, pour leur part, quatre ou cinq groupes régionaux : du *nord*, de l'*est*, du *centre* et du *sud-est*, du *midi* ; la *petite industrie*, jusqu'à sept groupes : au *nord*, à l'*est*, à l'*ouest*, dans la *région de Paris*, au *centre*, au *sud-ouest* et au *sud*. De même pour les différentes branches de l'agriculture : il est facile d'observer comme un groupement naturel par régions : *Non omnis fert omnia tellus*. Ici, c'est la région de la vigne ; là, de l'élevage ; là, des céréales.

On peut donc, si on le préfère, étendre la circonscription territoriale au lieu de la circonscription sociale : l'un et l'autre mode sont licites ; et, quel que soit celui que l'on choisisse, on aura du pays réel, du pays vivant tout entier, une représentation qui, par ses qualités, laissera bien loin derrière elle toutes les prétendues représentations, à base de suffrage inorganique, que nous avons connues jusqu'ici.

8° *Composition professionnelle de la Chambre des députés.*

Les *Résultats statistiques du dénombrement de 1891* accusent que 47 centièmes de la population classée vivent en France de l'agriculture ; que 25 pour 100 vivent de l'industrie ; 10 pour 100, du commerce ; 3 pour 100, des transports ; 1, 9 pour 100 se rattachent au groupe de la force publique (armée, marine de guerre, police et gendarmerie) ; 1, 9 pour 100 encore, au groupe de l'administration publique ; près de 6 centièmes enfin de la population, familles comprises, vivent exclusivement de leurs revenus.

Mais, ce rapport étant établi sur des chiffres qui comprennent les personnes des deux sexes et de tout âge, on ne saurait tabler dessus sans mécompte, pour l'organisation du suffrage universel. Les calculs que nous avons faits, en prenant telles qu'elles sont les statistiques officielles, changent notablement la proportion et nous donnent :

I. Hommes au-dessus de 20 ans vivant de l'agriculture	5 533 006
II. — — — de l'industrie	4 027 859
III. — — — des transports	431 567
IV. — — — du commerce	1 267 082
V. — — — de la force publique	(*mémoire*)
VI. — — — de l'administration publique	249 882
VII. — — — des professions libérales	368 970
VIII. Personnes vivant exclusivement de leurs revenus	667 777
Ensemble	12 545 143

Total d'où il faut déduire les hommes entre 20 et 21 ans, qui n'ont pas encore accompli leur vingt et unième année, les étrangers, les incapables, les indignes, les non domiciliés et qui, cette déduction faite, se rapprocherait beaucoup du nombre de 10 489 016 électeurs portés régulièrement sur les listes. Si l'on ne tient pas compte de la force publique, qui ne vote pas, si on la raye purement et simplement de la nomenclature, il en découlerait, pour être bref, la répartition suivante des 500 sièges entre les différentes catégories professionnelles et, ce système une fois adopté, la Chambre serait ainsi composée :

L'agriculture aurait	225 représentants
L'industrie aurait	164 —
Le commerce aurait	48 —
Les transports auraient	17 —

L'administration publique aurait	8 —
Les professions libérales auraient	13 —
Les rentiers	25 —
Ensemble	500 députés

Comparez maintenant cette Chambre, quand nous l'aurions, et celle que nous avons, où l'on voit, en suivant le même classement : 38 députés seulement se rattachant au groupe professionnel de l'agriculture, 49 seulement, au groupe de l'industrie, 32, à celui du commerce et des transports, 22, à celui de la force publique ; mais, en revanche, 43, à celui de l'administration publique, 296, au groupe dit des professions libérales, 97, au groupe des personnes vivant exclusivement de leurs revenus. — Et dites où est le pays réel, le pays vivant ? où serait la représentation réelle du pays, du pays vivant tout entier ?

II. — SÉNAT

Ce ne serait pourtant point elle, si l'on s'en tenait là, la représentation réelle du pays vivant tout entier. Si l'on s'en tenait là, à une Chambre des députés recrutée de cette manière, le parlement ne serait pas l'image, l'abrégé et comme l'action réflexe de la vie nationale tout entière : il y manquerait ces vies collectives dont, pour partie aussi, est faite la vie nationale. Et d'avoir une Chambre des députés où l'individu serait représenté, — non plus abstrait et irréel, inexistant, sauf durant cinq minutes de quatre ans en quatre ans, par une fiction légale, mais l'homme de tous les jours, replacé en son lieu, dans son milieu social, qualifié par ce qui le qualifie le plus visiblement, par la profession ; — d'avoir cette Chambre des députés, très supérieure sans doute à celle que nous avons, ce serait bien avoir quelque chose de la représentation organique, mais non la représentation organique tout entière du pays vivant tout entier.

Je n'appellerais pas « représentation organique » une représentation fondée sur des groupements professionnels aussi larges, aussi peu nombreux, si l'on s'en tenait là et si à la Chambre des députés, ainsi formée, ne venait pas s'ajouter un Sénat où se retrouve un autre aspect ou un autre élément de la vie nationale. Ce que j'appelle donc la représentation organique, c'est la représentation — une en deux Chambres et dont chaque Chambre n'est qu'une moitié — où le pays vivant tout entier passe et se concentre en quelque sorte ; où, dans l'une, se prolonge, se répercute la multitude des vies individuelles ; où, dans l'autre, aboutissent les vies collectives de tant d'unions locales, qui sont, au même titre, des *organes* de la vie de l'Etat.

Le pays vivant, le pays réel, ce n'est ni ces vies individuelles toutes seules, ni ces vies collectives toutes seules ; et la représentation organique, la représentation réelle du pays, ce ne peut être ni cette Chambre toute seule des vies individuelles, ni cette Chambre toute seule des vies collectives : ce sont les deux ensemble ou, comme on dit dans le langage du droit, conjointement et indivisément.

Soit à la Chambre, soit au Sénat, l'individu serait représenté dans le groupe (et ce serait la troisième phase du régime représentatif) ; mais la Chambre représenterait plus spécialement l'individu ; et le Sénat, plus spécialement le groupe ; la Chambre reposerait sur le Nombre, quoique encadré et endigué ; pour le Sénat, on ne s'inquiéterait plus du Nombre. Pour la Chambre des députés, la répartition des sièges entre les départements serait faite au prorata des électeurs inscrits ; pour le Sénat, chaque département aurait trois sièges, quel que fût le chiffre des électeurs. Pour la Chambre, l'unité électorale serait l'individu ; tout citoyen ferait un ; pour le Sénat, ce serait « l'union locale » qui ferait un, qui serait l'unité électorale. Le suffrage serait universel : puisque tous les citoyens, pour la Chambre, et, pour le Sénat, toutes les « unions », légalement déterminées, participeraient à l'élection ; et le suffrage serait égal : mais, pour la Chambre, égal entre les citoyens, et, pour le Sénat, égal entre les » unions ». Pour le Sénat, des trois sièges attribués à chaque département, le premier appartiendrait à la plus importante des unions locales administratives, qui est le *département* lui-même : il y serait pourvu par et parmi les membres du conseil général. Le deuxième reviendrait à cette autre union locale essentielle, la *commune* : il y serait pourvu par et parmi les membres des conseils municipaux. A cela point de difficultés ; mais en voici une (on ne veut pas chercher à la dissimuler non plus qu'on n'a dissimulé les autres), lorsqu'il s'agit de définir nettement et rigoureusement quelles sont les « unions locales » d'ordre social qui, dans chaque département, seront chargées de pourvoir au troisième siège.

En ce qui regarde les « corps constitués » proprement dits, les académies, les universités, les chambres de commerce, les barreaux d'avocats, les chambres de notaires, d'avoués, les conseils de prud'hommes, etc., on ne pense pas qu'il y ait de doute. Mais certaines sociétés ou associations, comme les sociétés de secours mutuels, les coopératives, les syndicats, leur donnera-t-on ou leur refusera-t-on le droit de vote ?

Pour les syndicats, par exemple, c'est, on l'avoue, une grosse question. S'il n'y avait que des syndicats mixtes de patrons et d'ouvriers, et des syndicats agricoles où se coudoient tous ceux, de quelque condition qu'ils soient, propriétaires, fermiers, métayers ou travailleurs, qui tiennent à l'agriculture ; s'il n'y avait que de ces syndical s'de rapprochement d'intérêts entre des hommes de toutes les conditions dans toutes les professions, on n'aurait pas à hésiter, et il faudrait placer les syndicats au rang des unions locales organiques admises, comme telles, à l'exercice du droit de vote.

Mais il y a, d'autre part, les syndicats patronaux et, en face d'eux, contre eux, les syndicats ouvriers, qui, les uns et les autres, peuvent être regardés plutôt comme des syndicats de division d'intérêts et, si j'ose risquer le mot, comme des « désunions » locales et professionnelles : ceux-là ne recherchent plus le bien commun de la profession, mais ce qu'ils croient leur bien personnel, et trop souvent, dans le mal d'autrui. Accorder à ceux-là le droit de vote, c'est peut-être introduire dans la représentation l'esprit de classe, et, du coup, ce serait vraiment créer un gouvernement de classe, couper la nation en deux : capital à droite et travail à gauche ; patrons d'un côté de la ligne, ouvriers de l'autre côté, l'arme au poing, attendant le combat.

Sans doute il semble que, considérés sur toute la surface du pays, « le capital et le salaire se partagent à part égale le travail national et qu'il y a équilibre, en France, entre les facteurs de la richesse ». Sans doute, ne parlant que des syndicats, — indépendamment du nombre de leurs membres qui n'aurait rien à faire ici, puisque l'unité, pour le Sénat, est le groupe et non l'individu, — sans doute il ne s'en manque pas de tant que les 1 622 syndicats patronaux fassent équilibre aux 2 163 syndicats ouvriers, ou, du moins, les syndicats ouvriers ne l'emportent pas tellement sur les syndicats patronaux, qu'ils les écrasent sous leur masse. Mais ce n'est pas assez, que les deux parts doivent être à peu près égales, pour que du corps vivant d'une nation on aille faire deux moitiés mortes.

Et, tout de même, comment ignorer, comment négliger, quand on donne le suffrage aux « unions locales » plus de 5 000 associations qui comptent ensemble près d'un million de syndiqués ? Comment, à la fois, les exclure de la représentation nationale et vouloir que cette représentation soit toute la vie nationale en raccourci ? Comment les rayer du pays et néanmoins avoir une représentation réelle du pays ? C'est une grosse, une très grosse question, et le législateur aura à la résoudre, lorsqu'il définira les « unions locales » appelées à contribuer, pour un tiers, à l'élection du Sénat.

Mais que les syndicats soient ou ne soient pas compris entre ces « unions locales », c'est par et parmi elles, par et parmi ce que la loi reconnaîtra comme « unions locales » ayant le droit d'élection, que devra être nommé un tiers des sénateurs. Si, là aussi, l'on bornera la circonscription territoriale au département, ou bien si, pour ce dernier tiers, sénateurs élus par et parmi les « unions locales » d'ordre social, on l'étendra, afin d'avoir plus de choix, au ressort de l'académie ou de la cour d'appel, cela encore peut faire question ; mais l'importance en est secondaire ; qu'on en décide comme on voudra, pourvu que, rassemblées en une circonscription territoriale ou en une autre, le plus possible d' « unions locales » soient représentées et qu'il entre ainsi dans la représentation nationale le plus possible de la vie nationale.

III. PRINCIPES DE LA REPRÉSENTATION RÉELLE DU PAYS

Voilà, cette fois, voilà enfin une représentation organique, d'où n'est absent rien d'essentiel de tout ce qui est organe, facteur ou agent de vie dans la nation. Voilà enfin le suffrage universel, par qui l'Etat moderne doit vivre, organisé d'après la vie ; le voilà qui n'est plus seulement l'incarnation d'une abstraction, la « matérialisation », grossière et insaisissable tout ensemble, de cette vaine illusion : la souveraineté du peuple.

Nous ne nous étions pas proposé davantage. Dire : l'Etat moderne aura pour support et pour moteur le suffrage universel, le suffrage universel et égal ; mais si, précisément, il traverse une crise, c'est que, pour son malheur, il ne connaît que le suffrage universel anarchique ; si le suffrage universel s'est jusqu'à présent montré anarchique, c'est que jusqu'à présent il est demeuré inorganique ; et s'il est demeuré inorganique, c'est qu'on a voulu faire de lui l'expression d'on ne sait quelle souveraineté du peuple, éparse en dix millions d'atomes électoraux, tous isolés l'un de l'autre et détachés de tout, tourbillonnant au vent et se mouvant en pleine fantaisie dans le grand désert de l'Etat. Dire ensuite : que l'on réintègre, à sa place, dans l'Etat, tout ce qui doit y avoir une place ; que ces dix millions d'atomes s'agrègent en trois ou quatre corps, suivant leurs affinités les plus fortes, les plus certaines ; que, cessant de faire du suffrage universel la fausse expression d'une fausse« souveraineté du peuple », on se donne pour but d'en faire une fonction de la vie nationale, et que de cette fonction on demande l'accomplissement aux organes connus de la vie nationale, vies individuelles et vies collectives : alors, le suffrage universel sera devenu organique ; étant devenu organique, il ne sera plus anarchique ; dès qu'il ne sera plus anarchique, la crise de l'Etat moderne sera résolue.

Dire cette vérité bien simple sur la crise et sa solution ; proclamer que, théoriquement, si l'on veut, avec le suffrage universel, faire et entretenir de la vie, comme il n'y a que la vie qui crée la vie, il faut donc régler le suffrage universel selon la vie ; et puis en exposer, en indiquer plutôt les moyens pratiques : notre ambition n'est pas allée au-delà.

Loin de nous la vanité de croire (nous y revenons, en terminant, tant nous en sommes pénétrés) que nous ayons trouvé le spécifique, le baume de Fierabras qui, en une heure, guérira nos sociétés malades ; ou tout bonnement, loin de nous l'idée de croire que notre système est parfait et de prétendre l'imposer sans retouches. Non, certes, il n'est pas parfait, quoiqu'on se soit attaché à y introduire les meilleures parties de tous les systèmes inventés avant lui et qu'il ne soit, à dire le vrai, qu'un assemblage de ces parties, reliées entre elles et dominées par la notion supérieure de la vie. Non, certes, il n'échappe pas à la critique, et il nous semble entendre déjà les objections qui se croisent.

Mais nous n'en sommes guère troublés, car il nous semble aussi qu'il n'y en a pas une seule à laquelle il ne puisse victorieusement résister, ou dont il ne puisse se défaire, en en tenant compte. De ces objections sur tel ou tel détail, combien on entend déjà ! « Pourquoi prendre comme base le chiffre des électeurs inscrits et non le chiffre total de la population ? — Pour marquer nettement que le suffrage n'est pas de droit naturel, que c'est un droit conféré par l'Etat, dans une vue d'Etat. — N'est-ce pas quelque peu en contradiction avec la thèse, que tout ce qui vit a le droit d'être représenté ? — Nullement ; car l'électeur inscrit, étant le mâle adulte, représente devant le suffrage les femmes, les enfants, la famille, tout ce qui vit autour de lui. D'ailleurs, tenez-vous à prendre comme base le chiffre total de la population ? la proportion n'en sera presque pas changée.

— Pourquoi 500 députés seulement ? — Pour que la Chambre ne soit plus ce que Carlyle nommait et ce que nous avons bien plus de motifs que les Anglais de nommer « la pétaudière nationale ». — Mais alors, 500 députés, n'est-ce pas encore trop ? — Peut-être ; rien n'empêche d'établir les calculs pour 400 ou même 300, ainsi qu'on l'a fait pour 500 ; le quotient électoral augmentera, et voilà tout. — Mais si le quotient électoral augmente, dans beaucoup de départements il ne sera pas atteint par la plupart des groupes professionnels. — Eh bien ! on en sera quitte pour étendre soit la circonscription territoriale, soit la circonscription sociale.

— Au fait, pourquoi faire du département la circonscription territoriale ? — Parce que le département est une division géographique qui, bien qu'artificielle, est, depuis cent ans, entrée dans nos mœurs et dans la vie de la France ; assez étroite pour que les voix ne se portent pas tout à fait au hasard ; assez vaste pour qu'on ait plus qu'une menue poussière d'intérêts, plus que de tout petits hommes et de toutes petites choses. — Mais la profession, la circonscription sociale, comme vous dites ? — Je le reconnais : la profession vient remplacer l'arrondissement et parfois la fraction d'arrondissement ; au lieu d'être député du Calvados pour la deuxième circonscription de l'arrondissement de Caen, on sera député du Calvados pour le groupe professionnel de l'agriculture ou celui du commerce et des transports : l'intérêt représenté ne sera pas moins général, il le sera plus ; il sera moins factice, plus réel, plus vivant, puisqu'il y a une vie de la profession beaucoup plus active que ne l'est la vie de l'arrondissement. — Mais, en disant que les députés devront être élus par et parmi le groupe professionnel, vous limitez l'égibilité. — Pas du tout, puisqu'il n'est personne qui ne puisse être élu dans son groupe : je ne fais que la localiser. — Et si quelqu'un est à la fois fonctionnaire public et propriétaire rural ? — Il optera pour un groupe ou pour l'autre. — Vous empêchez les ouvriers de se faire représenter par un avocat ou un professeur. — Le beau malheur, si je tue le politicien !

— Ferez-vous voter les ouvriers à part, les patrons à part, ou tous voteront-ils ensemble ? — Tous ensemble, dans chaque groupe professionnel. — Mais les patrons seront noyés sous le flot du prolétariat ! — Ce n'est pas prouvé et, en tout état de cause, ce qu'il importe d'éviter, c'est de constituer des classes en antagonisme ; à quoi l'on arriverait sans faute si à une catégorie de patrons l'on opposait une catégorie d'ouvriers. — Des classes ! mais vous en constituez rien que par vos groupes professionnels. — Pas plus que dans le mode actuel de su tirage, on n'en crée en divisant la France en départements, un département en arrondissements, un arrondissement en circonscriptions, une circonscription en communes, une commune en sections de vote. Pas plus qu'on n'en crée dans l'armée en y maintenant des armes différentes, dans chaque arme des régiments, des bataillons, des compagnies et des escouades. En distribuant ainsi l'armée, on ne la divise pas, on la « ramasse » pour l'action sous la main du chef ; ce qui fait qu'elle est la plus haute des forces humaines concevables, c'est qu'elle est, par excellence, la force humaine organisée. Et, toute réserve gardée sur la diversité des objets poursuivis : d'organiser le suffrage universel, c'est ce qui en ferait, au profit de l'Etat, une immense force d'ordre et de progrès.

Mais nous venons nous briser à un mur, à l'objection qu'on ne détruit pas ou qui, détruite, renaît de ses ruines : « Vous ressuscitez, nous crient à l'envi économistes et socialistes, vous ressuscitez la classe, l'ordre et la corporation ! » Et nous confessons qu'après tout ce qu'on en a dit, si un tel argument paraît encore valoir quoi que ce soit, nous nous trouvons désarmés contre lui, parce que, contre ces sortes de cris inarticulés de l'esprit, contre ce refus de voir et d'entendre, par lequel est dédaigneusement rejetée toute tentative de discussion, il n'y a pas de raisonnement ni d'appel. On ne peut pourtant guère, traitant de l'organisation du suffrage universel à la fin du XIXe siècle, disserter de la caste dans l'Inde antique, ni de l'ordre, ni de la corporation dans l'Europe du moyen âge, de leur nature et de leur forme ; à l'affirmation tranchante qu'on les ressuscite, on ne peut riposter que par l'affirmation, toute sèche aussi, qu'on ne les ressuscite point. Et c'est la vérité, qu'on ne les ressuscite point ; que ce système fondé sur la vie ne va pas la chercher dans les tombes, et que, s'il s'appuie sur l'histoire, il n'oublie pas qu'elle est en perpétuel mouvement. Il ne s'inspire de l'adage : « L'histoire est la maîtresse de la vie », qu'en ajoutant aussitôt : « *La vie* est la maîtresse de la politique… »

Au fond, de toutes les objections qu'on a, par avance, examinées, il n'en demeure pas une. Mais quand bien même toutes ces objections ne seraient pas renversées ; quand bien même il se révélerait d'autres difficultés nouvelles et que nous n'avons pas prévues ; quand bien même nous aurions commis dans nos calculs une faute qui entraînerait un vice de construction, il n'empêcherait pas, nous l'espérons, que nous ayons démontré ceci : Le malaise présent n'est qu'une manifestation de la crise de l'Etat moderne. Cette crise tient à l'anarchie où est plongé le suffrage universel. De cette anarchie, on ne le guérira qu'en l'organisant. Il n'y a qu'un modèle pour l'organiser, c'est la vie : la représentation nationale doit être la reproduction de la vie nationale. — Pour tout le reste, nous nous en remettons au temps et à l'expérience.

VIII. CONCLUSION. — RÉFORMES ACCESSOIRES L'ÉTAT MODERNE ORGANISÉ

Nous ne nous faisons point d'illusion : il y aura des résistances, et il faudra livrer bataille. Les hommes, qu'on dit parfois amis des nouveautés, ont, au contraire, en général, peu de goût pour le changement. C'est une vérité qui, elle-même, n'est pas nouvelle, puisque voilà quatre siècles bientôt que Machiavel écrivait : « Celui qui se propose de réformer l'état d'une cité, s'il veut que sa réforme soit acceptée, est obligé de garder l'ombre au moins des vieilles coutumes, afin qu'il ne paraisse pas au peuple avoir changé d'institution... Car l'universalité des hommes se nourrit de ce qui paraît tout autant que de ce qui est souvent même ils s'agitent plus pour les choses qui paraissent que pour celles qui sont .[1] » Mais c'est une vérité vraie de nos jours comme alors, et même elle est devenue plus vraie, à mesure que les gouvernements sont devenus plus populaires. Le peuple, millions d'hommes, est, en cela, des millions de fois homme ; il se repaît de mots, et d'instinct s'attache aux routines : il est naturellement paresseux et passif ; il aime mieux souffrir que d'agir ; et il feint d'ignorer son mal, ou il le nie, ou il le déclare incurable [2] : trois façons de ne rien faire et de ne rien changer.

Seulement, lorsque le mal arrive à un certain degré, si l'on ne change rien, si l'on ne fait rien, on en meurt : et, sans phrases, nous en sommes au point où il n'est plus possible de ne rien faire et de ne rien changer. Déjà personne ne peut plus ignorer le vice originel d'un régime où, il y a cinquante ans, ou crut que l'on n'avait qu'à s'endormir, en se laissant porter ; déjà personne ne le nie plus : on confesse maintenant les péchés du suffrage universel brut ou élémentaire, et volontiers on avouerait qu'il est temps d'y chercher remède. C'est autant de fait : beaucoup est fait si l'on sent bien qu'il y a quelque chose à faire.

Reste à savoir ce qui est à faire. Jadis, dans l'Etat ancien, quand le gouvernement s'opposait au peuple, c'était simple : on faisait une révolution ; le peuple opérait sur son maître que, par définition, il regardait toujours un peu comme son ennemi. A présent que le gouvernement sort du peuple, le peuple opère sur lui-même ; et il est autrement difficile de se corriger que de détruire, autrement difficile de faire sur soi une réforme qu'une révolution contre autrui. Néanmoins plus d'échappatoire : une impérieuse nécessité nous presse, celle de changer pour vivre ; l'impossibilité de vivre sans changer nous pousse : nous sommes pris entre l'une et l'autre, et toute issue nous est fermée ; nous n'avons même plus la ressource d'en sortir par une révolution. Il n'est pas de raison, ni de prétexte, ni d'hésitation, ni de résignation qui tienne : il faut changer.

---

1 *Discorsi sulla prima dece di Tito-Livio*, libro Ier, édit. de 1550, p. 66.

2 Voy. John Stuart Mill, *le Gouvernement représentatif*, trad. Dupont-White, p. 117, 118.

Il faut trancher dans le vif de nos institutions, et le vif de nos institutions, l'Etat moderne étant ce que l'on a dit, c'est le suffrage universel. C'est dans le suffrage universel qu'il y a à réformer et à refaire. Ce que nous demandons que l'on y réforme et y refasse, est-ce bien cela qui est utile et bon ? Est-ce cela qui serait le meilleur ? Nous en avons la ferme conviction ; et nous voudrions prouver : 1° que notre système est fait « pour les hommes tels qu'ils sont ou tels qu'ils vont être prochainement » ; 2° qu'il vise plus loin et qu'il va, en effet, plus loin qu'à changer « le mal d'estomac pour le mal de tête.[1] »

Je dis « le système », et non une proposition détachée du système. Aussi bien, quelle est cette crise ? la crise de l'État moderne, non pas seulement une crise du régime parlementaire ; et quelle en est la solution ? non pas seulement l'organisation du suffrage universel, mais l'organisation de l'Etat moderne, demeuré jusqu'ici inorganique et comme fortuit, spontané ou improvisé.

I

Organiser le suffrage universel est assurément la première partie du programme, la plus importante à la fois et la plus urgente. On sait quel devrait, suivant nous, et pourrait être le principe de cette organisation. Il ne saurait y avoir de représentation organique là où il n'y a pas représentation réelle du pays ; et il ne saurait y avoir représentation réelle du pays là où quelque chose a une place dans le parlement qui ne vit pas réellement dans le pays, ni là où quelque chose qui vit réellement dans le pays n'a pas sa place dans le parlement.

Tout effort, par conséquent, vers une représentation organique tend à rapprocher la représentation nationale de la vie nationale, à donner celle-ci pour base à celle-là ; et, si la vie nationale est la résultante d'une multitude de vies individuelles et d'un certain nombre de vies collectives, la représentation nationale la plus exacte, la plus complète, la plus *organique*, sera celle qui contiendra en abrégé le plus, comme quantité et comme intensité, de ces vies individuelles et de ces vies collectives. Et, par conséquent, pour

1 Guichardin. *Del reggimento di Firenze*, lib. Ier. Œuvres inédites, t. II, p. 100.

s'en tenir à la coupe britannique (et en quelque façon classique) du parlement en deux Chambres, il nous a semblé que la première, la Chambre des députés, pourrait être plus spécialement la Chambre des vies individuelles, et la seconde, qu'on appellerait Sénat ou de tout autre nom, la Chambre des vies collectives ; que l'ensemble embrasserait à peu près et résumerait la vie nationale ; que, de la sorte, enfin, l'on aurait une représentation organique.

Au point de vue pratique, pour la Chambre des députés, le moyen d'y introduire le plus de vies individuelles le plus réellement vécues a paru être, en respectant le suffrage universel, de grouper tous les citoyens eu catégories professionnelles très ouvertes et très larges, de doubler d'une circonscription sociale la circonscription géographique. Le moyen de fonder le Sénat sur la base des vies collectives, qui sont, elles aussi, et font de la vie nationale, on a pensé le trouver dans l'attribution du vote aux unions locales de divers ordres : unions territoriales, naturelles ou administratives, communes, départements : unions civiles ou sociales, corps constitués, sociétés savantes, associations que la loi déterminerait.

Contre un Sénat ainsi recruté, on ne voit pas bien les objections qui s'élèveraient, si ce n'est que ces dernières unions, les unions civiles ou sociales, ne sont pas suffisamment définies ; mais la définition n'en est, tout de même, pas impossible à donner, et pourquoi, par exemple, ne serait-ce pas : « toutes les associations qui ont un objet d'intérêt public ? » — Quant au Sénat, en somme, peu de contestation ; la défense de la Bastille parlementaire se concentre autour de la Chambre des députés.

Marquons pourtant un point gagné : on ne nous envoie pas les boulets de pierre dont nous nous étions permis de supposer que l'antique arsenal était plein ; on ne nous a pas soupçonné de vouloir restaurer « les ordres » et les « corporations. » On se sert d'arguments d'un modèle plus récent. — « Ce système, on le connaît bien, s'écrient les uns : c'est la représentation des intérêts ! » — Et les autres : « Oui, sans doute, on le connaît bien : c'est la représentation professionnelle ! » — « Avec la représentation des intérêts, comment faire pour que les intérêts privés ne priment pas l'intérêt général ? » demandent les uns. — Et les autres : « Avec la représentation professionnelle, comment faire pour que le groupement ne soit point arbitraire ? »

« Chaque groupe, ajoutent les uns, fera masse pour s'opposer et se préférer à ses voisins, qu'il traitera en concurrents. » — Et les autres : « Dans chaque groupe, quel rapport y a-t-il entre tels et tels individus ? »

Coupant court à toutes ces querelles : « Vous divisez trop ! » nous reprochent les uns. — Mais les autres : « Vous ne subdivisez pas assez ! » — Les uns : « Vous particularisez tout ! » — Et les autres : « Vous n'organisez rien ! » Bouleversement, suivant les uns, amusement suivant les autres : — « Vous nous livrez aux ouvriers », gémissent les économistes. — Mais les socialistes vocifèrent : « Vous perpétuez, vous aggravez la tyrannie bourgeoise ! » — On pourrait longtemps continuer ainsi. Mais qui ne voit que dans cette coalition de gens que scandalise, effraye ou déconcerte la réforme proposée, il ne manque pas de contradictions ? qu'au total il en manque si peu, que la coalition se ruine toute seule, d'elle-même, par ses propres contradictions ?

Sans vanité, je ne crois pas qu'il y ait un de ces excellents prétextes à ne rien faire que je ne puisse être presque sûr d'écarter ; un de ces arguments, si l'on veut, que je ne sois presque sûr de réfuter. Mais à quoi bon discuter sur des détails qui, pour ne pas être tout à fait indifférents, n'ont pourtant, à cette heure, qu'une importance très secondaire ? Serait-ce assez de sept catégories ? N'en faudrait-il pas davantage ? Un notaire de petite ville est-il plus près d'un académicien qu'un électeur quelconque d'un second électeur quelconque ? mettons : que M. Thiers de son porteur d'eau ? Le politicien, que nous voulons tuer, est subtil, insinuant ; ne reparaîtrait-il pas dans tel ou tel des groupements adoptés ? — Beaux sujets de dissertation et de polémique, mais pour plus tard. — Pour le moment, nous n'en sommes pas encore à l'apologie, nous n'en sommes qu'à l'exposition du système.

La réponse à tout cela ne nous embarrasse guère, mais nous n'avons pas à répondre ; nous combattons en masse et non en ordre dispersé. Puisque « le bloc » est à la mode, voici un bloc. De peur qu'on ne nous dise : « C'est donc là tout votre système : la représentation des intérêts ! la représentation professionnelle ! » ayons soin de bien établir que non, *ce n'est point* là *tout* notre système, qui *n'est*, d'ailleurs, *ni la représentation professionnelle ni la représentation des intérêts.*

Ce n'est pas la représentation professionnelle, et ce n'est pas la représentation des intérêts. Que vient faire ici la profession ? Nous ne l'invoquons que comme le signe, comme l'indication d'une certaine identité, tout au moins d'une certaine similitude de vie. Mais le fond, la base, la moelle ou le nerf du système, c'est *la vie.* Pourquoi, alors, le groupement par professions ? Parce que la profession est ce qu'il y a de plus réel, de plus positif, de plus constant et de plus présent, de plus *spécifique* dans la vie sociale de l'homme ; parce que, si l'homme ne vit pas seulement de pain, cependant il vit *surtout* de pain, et que son pain, c'est sa profession qui le lui donne.

Comme le besoin du pain est quotidien, la profession, pour l'homme, est nécessaire et *quotidienne.* Il ne la prend pas un beau matin tous les quatre ans pour vivre d'elle cinq minutes et la quitter avant le soir, ainsi que la plupart des électeurs font d'une opinion politique, quand ils se donnent la peine d'en prendre une, même pour cinq minutes. Elle dure singulièrement plus que la période électorale ; le grand jour passé, beaucoup de Français, ayant, au petit bonheur, choisi le candidat radical ou le candidat modéré, ne se réveillent ni radicaux ni modérés, qui se retrouvent bouchers ou cordonniers.

On nous accuse d'avoir repoussé « dédaigneusement » la représentation proportionnelle, à la manière genevoise. *Dédaigneusement* est de trop : nous ne saurions avoir de dédain pour une tentative q^{2}i vise à plus de justice et plus de vérité. Mais si, tout en lui reconnaissant des intentions éminemment morales, nous avons cherché autre chose que la représentation proportionnelle, ce n'est point, ou ce n'est pas uniquement, par l'un des motifs allégués couramment contre elle. C'est, comme nous l'avons dit, parce qu'elle n'embrasse pas assez de l'homme ni assez de la vie, — de la vie et de l'homme de tous les jours ; — c'est parce que rien ne peut être plus factice, plus artificiel qu'elle n'est, si elle crée une vie artificielle et un homme factice, en supposant que tout citoyen a « une règle de conduite politique, une opinion arrêtée et immuable, susceptible d'être fixée, cotée et classée. »

Nous repoussons donc la représentation proportionnelle, — sans dédain, — mais nous la repoussons, parce que ce n'est pas une représentation réelle du pays réel, et vivante du pays vivant, mais bien la représentation mathématique d'un pays qui n'existe pas, ou qui n'existe, au plus, qu'un jour, tous les trois ou quatre ans. L'opinion politique, sur laquelle repose la représentation proportionnelle, ce n'est que le vêtement de l'homme et un vêtement qui se lave : parmi la grande masse des hommes, il en est qui en changent souvent ; beaucoup qui se couvrent, au hasard de la rencontre, d'un haillon ou d'un oripeau ; beaucoup même qui vont tout nus ; c'est-à-dire beaucoup qui n'ont pas du tout d'opinion politique, ou n'en ont une que d'emprunt, ou en ont plusieurs de rechange. Mais la profession, au contraire, c'est l'homme : il n'est pas d'homme qui, jusque dans la politique, ne porte, qu'on nous passe l'expression, quelque *stigmate professionnel* ; et si c'est la vie que vous cherchez, si c'en est un signe, une marque, un caractère tout ensemble très apparent et très profond, vous l'avez là, dans la profession : une représentation fondée sur elle, en tant qu'indication du genre de vie, sera sûrement la représentation réelle et vivante du pays réel et vivant.

Quoique fondée sur la profession, cette représentation vivante du pays vivant n'est pas la représentation professionnelle : nos adversaires le disent eux-mêmes : elle comporterait, autrement, plus de sept groupes ; et, quoique les intérêts n'en soient pas exclus, ce n'est pas davantage la représentation des intérêts. Mais, au bout du compte, quand cela serait ? Quand même ce système serait une forme de la représentation des intérêts ? Il est curieux et édifiant de voir quelles et combien de pudeurs s'effarouchent dans les deux Chambres à la seule pensée d'une représentation des intérêts ! — Eh quoi ! ce seraient des « intérêts » qui seraient représentés, des « intérêts particuliers » ! Et l'intérêt public, général, national, qu'en fait-on ? — Mais plutôt, qui trompe-t-on ici ? Nos sénateurs, nos députés, s'ils n'étaient pas, en forte majorité, les commissionnaires médaillés de leurs comités, de leurs coteries, de leurs cafés et de leurs loges ; s'ils dépassaient le cercle de leur arrondissement et si parfois ils perdaient de vue le clocher de leur chef-lieu, auraient le droit de témoigner d'une vertueuse indignation ; mais ce droit, ils ne peuvent l'avoir puisque, maintenant déjà, ils ne représentent que des « intérêts particuliers », et des « intérêts » minuscules, et des « intérêts » qui ne sont pas toujours hautement avoués.

Avec le système que nous proposons, si ce sont des intérêts

encore qui seraient représentés, ce seraient toutefois, à voir les choses en leur réalité, des intérêts moins particuliers, et, dans tous les cas, il y aurait moins d'intérêts particuliers représentés ; on peut dire qu'il n'y en aurait que sept, comme il n'y aurait que sept groupes professionnels ; mais dussent-ils se subdiviser par régions et par métiers, ils seraient infiniment moins menus que ceux qui l'emportent aujourd'hui : ce ne serait plus une poussière d'intérêts flottant au-dessus d'une poussière de suffrage.

Mais qu'importe, reprend-on, qu'il y en ait moins, si chacun d'eux est plus tenace, plus ardent, et s'ils sont vis-à-vis l'un de l'autre en un perpétuel et inapaisable conflit ? Ce n'est point ici, on le répète, le lieu de discuter sur les détails ; sans quoi, l'on montrerait qu'en supposant fatalement contradictoires les intérêts de tel et tel groupes, les intérêts de l'agriculture, d'une part, et, d'autre part, de l'industrie ou du commerce, l'équilibre naturel des forces est si bien établi qu'ils seraient en balance, — car l'agriculture compterait 225 représentants dans notre Chambre de 500 membres, et l'industrie, le commerce, les transports en compteraient 229, — et ainsi ce seraient les professions libérales, plus désintéressées, qui les départageraient par leurs 46 voix.

Il suffira peut-être de faire observer que croire à ce point les intérêts des divers groupes fatalement contradictoires, irréductibles et inconciliables, est d'une psychologie assez superficielle. Combien l'étude approfondie des institutions et des sociétés avait appris à sir Henry Maine à en juger mieux, lorsqu'il affirmait : « L'histoire politique nous enseigne que, de tout temps, les hommes se sont querellés avec plus d'acharnement à propos de phrases et de formules qu'à propos d'intérêts matériels proprement dits [1] ! » C'est là que nous en sommes : aux enragées querelles, sans fin et sans objet, de formules et de phrases, et le parlementarisme s'embourbe dans une stupide logomachie.

Eh bien donc ! quand même en ce que nous proposons il y aurait une certaine dose de représentation des intérêts, où serait le mal ? du moins où serait le plus grand mal ? Est-ce que, comme toujours et plus que jamais, ce ne sont pas les intérêts qui font tourner le monde ? Est-ce que partout les questions sociales ne sont pas

---

1 V. sir Henry Sumner Maine, *Essais sur le gouvernement populaire*, trad. franç., p. 179.

en train de passer au premier plan, laissant loin derrière elles ce que l'on s'obstine à nommer les questions politiques ? Est-ce qu'il y a d'autres questions politiques, au fond, que ces questions sociales ? Mais, si beaucoup de questions sociales sont, au premier chef, des questions morales, beaucoup aussi sont des questions économiques ; et alors, où serait le mal, que le parlement, ayant surtout à résoudre désormais des questions économiques, fût constitué surtout suivant un classement économique ?

Il y aurait à cette disposition d'autant moins d'inconvénients que la Chambre des députés, recrutée suivant ce classement, ne serait pas seule et sans contrepoids, qu'à côté d'elle, en face d'elle, serait un Sénat recruté d'après un cadre tout différent, à la base duquel on ne trouverait plus ni le nombre ni l'individu, ni aucune espèce d'intérêts particuliers, mais bien des groupements, des vies et des intérêts collectifs.

Que nous le voulions, du reste, ou ne le voulions pas, en ce sens vont les choses et le courant nous entraîne. On a déjà remarqué avec raison qu'à maintes reprises, pendant ces dernières années, les Chambres se sont bornées à rédiger on articles de loi les vœux transmis et même les projets élaborés par des représentations spéciales, comme les Chambres de commerce, dont le rôle a été si considérable dans une circonstance récente. D'un autre côté, mais dans le même sens, un puissant mouvement se dessine en faveur de la création de Chambres d'agriculture, et, d'une manière générale, de Chambres professionnelles. Ce ne sont point là des postulats de théoricien, ce sont des faits ; et sur ces faits nous pouvons dire qu'est assise solidement la première de nos deux propositions, à savoir que notre système est fait, ainsi que le recommandait J. Stuart Mill, « pour les hommes tels qu'ils sont ou ne peuvent manquer d'être prochainement. »

II

La seconde proposition est celle-ci : « Notre système vise plus loin et va en effet plus loin qu'à changer, selon le mot expressif et réaliste de Guichardin, le mal d'estomac contre le mal de tête. » Il vise et il va jusqu'à corriger non seulement le suffrage universel, mais tout le régime parlementaire. Le suffrage universel organisé assurerait au pays une meilleure représentation ; mais il faudrait lui assurer aussi une meilleure législation. Pour qu'il l'eût enfin, cette législation meilleure, il faudrait que les Chambres fussent plus *représentatives* (c'est où conduit notre système) et moins *législatives* ; pour qu'elles fussent moins législatives, avec l'importance de la loi dans l'Etat moderne, il faudrait que l'on instituât un organe spécial de législation.

Un tel organe serait utile, quelle que fût la forme du gouvernement ; mais, dans une démocratie, il est plus qu'utile, il est indispensable. Car, si « la tendance générale des choses est de faire de la médiocrité la puissance dominante [1] », cette tendance s'accuse surtout et trouve à s'affirmer dans les démocraties, — nous n'avons qu'à regarder autour de nous pour voir si la nôtre fait exception. Car, si « les peuples ne sont pas indéfiniment progressifs et cessent de l'être plus vite qu'on ne croit », c'est dans les démocraties qu'ils le sont certainement le moins ou cessent le plus vite de l'être : et c'est dans les démocraties qu'ils ont le plus pressant besoin d'être relevés, soutenus, et en quelque sorte portés au-dessus d'eux-mêmes. Livrée à son penchant, toute démocratie est une masse qui tombe. Aussi n'est-il personne qui, pour peu qu'il ait réfléchi sur la politique, ne soit d'avis qu'il n'y a pas de gouvernement « qui veuille être organisé de plus près qu'un gouvernement à très large base démocratique » et comme conclusion précise, que « tout gouvernement fait pour un degré élevé de civilisation, devrait avoir parmi ses éléments fondamentaux un corps dont les membres, peu nombreux, auraient la charge expresse de faire les lois.[2] »

Or, que nous poursuivions, que nous nous efforcions de réaliser un type de gouvernement éminemment *progressif* et « fait pour un degré élevé de civilisation », c'est ce dont témoignent jusqu'aux déclamations de nos orateurs de réunion publique : et, quelques-uns de ceux sur les lèvres de qui bourdonnent continuellement les mots de « progrès » et de « civilisation » en ont peut-être une idée singulière, mais quant aux qualités que doit réunir le gouvernement dans l'Etat moderne, plus ou moins consciemment, tous, nous sommes unanimes. Voulant la fin, qui est cela, il faut

1 J. St. Mill, *le Gouvernement représentatif*, trad. Dupont-White, p. 36.
2 *Id. ibid.*, p. 130-131.

donc vouloir le moyen, qui est d'instituer au plus tôt chez nous ce corps expressément chargé de faire, ou plutôt de préparer, d'étudier, d'élaborer les lois, de leur donner façon et figure de lois, de les rédiger en un bon texte et de les codifier en un bon ordre.

Mais ce corps est-il vraiment à instituer en France ? et avons-nous à le faire surgir de terre ? N'existe-t-il pas déjà ? et s'agit-il d'autre chose que de lui permettre de rendre, après avoir atteint son complet développement, tous les services qu'on serait en droit d'attendre de lui ? au premier rang desquels cet incomparable service de nous sauver des décadences faciles aux démocraties, de maintenir en nous l'aptitude au progrès, de nous doter, par une législation supérieure et en tant que c'est affaire de législation, d'un gouvernement et d'une politique dignes « d'un degré élevé de civilisation ». Oui, ce corps existe : il n'est pas ce qu'il devrait être ; mais on n'a qu'à vouloir et il le sera demain : c'est le Conseil d'État. Ah ! sans doute, l'on va tout de suite nous accuser de revenir à la constitution de 1852 et même à la constitution de l'an VIII. Mais des spectres d'empire ne sont point des raisons ; et si l'une ou l'autre de ces constitutions nous offre justement, ou à peu près, ce dont nous avons besoin, pourquoi ne le lui prendrait-on pas ?

Ainsi l'État, en dehors de l'exécutif (que l'on a volontairement négligé), serait organisé sur ce plan : deux Chambres et un Conseil d'Etat coopérant à la législation ; les deux Chambres plutôt représentatives, de contrôle, de critique, de consentement et de sanction ; le Conseil d'État, plus proprement, plus activement législatif, et, du commencement à la fin, chargé de la confection positive, matérielle, de la confection *technique* de la loi. Au sortir du Conseil d'État, les projets de loi iraient devant les Chambres qui, après examen et discussion, — en cela on ne copie pas servilement la constitution de l'an VIII, — en prononceraient l'adoption ou le rejet, mais sans pouvoir les amender ; ou bien, si elles les amendaient, les projets, alors, retourneraient au Conseil d'État qui en « collationnerait » à nouveau les articles, pour éviter que des remaniements successifs introduisent dans un coin de leur texte quelque contradiction avec ce texte même ou avec d'autres lois. Le parlement ne perdrait, à ce partage, rien de ses droits ni de ses prérogatives essentielles ; l'exercice seul en serait mieux réglé : ce serait la division du travail législatif, avec son corollaire, la spécialisation du travail, qui ne produiraient certainement pas là des résultats moins favorables qu'ailleurs. Les Chambres ne seraient même pas privées de leur initiative ; et si le gouvernement se montrait trop rétif ou trop lent à leur gré, elles pourraient, par une motion, l'inviter à déposer un projet de loi sur telle matière, lequel projet serait, bien entendu, arrêté en Conseil d'Etat, le but étant de faire du Conseil d'Etat l'organe spécial et nécessaire de la législation.

Ce corps légiférant, comment se recruterait-il ? Pour qu'il rende pleinement ce qu'il doit rendre, il est manifeste qu'il ne faudrait pas le peupler de préfets fourbus, d'avoués sans clientèle, de hauts fonctionnaires mûrs pour la retraite, et de jeunes gens qui ne se sont guère distingués autre part que dans l'antichambre d'un ministre. Le mieux serait qu'il fût comme un suprême corps constitué, où les grands corps constitués de l'Etat (non point les chambres, mais la Cour de cassation, la Cour des comptes, l'Institut, l'armée, la marine, etc.), enverraient tous des délégués. J. Stuart Mill recommandait que les membres en fussent peu nombreux ; mais en trop petit nombre, dans une démocratie, ils n'échapperaient pas à la suspicion, et, devant les Chambres comme devant le pays, ils manqueraient d'autorité.

Ils en manqueraient aussi inévitablement, si, par leur nomination, ils dépendaient de l'exécutif et semblaient devoir être à sa dévotion. Mais ne pourrait-on pas arriver à faire que le recrutement de ce Conseil d'Etat élargi, fût, pour ainsi dire, automatique, en disposant qu'y siégeront de droit les deux ou trois plus anciens conseillers de la Cour de cassation, les deux ou trois plus anciens conseillers de la Cour des comptes, les deux ou trois plus anciens généraux de division et vice-amiraux, les deux ou trois plus anciens membres de chacune des classes de l'Institut, etc. ?

Formé de cette manière, le Conseil d'Etat légiférant serait réellement doué d'autant d'indépendance que peut en comporter la condition des hommes, et, autant qu'il est possible, affranchi de tout lien : *nec spe nec metu*, sans crainte et sans espérance ; puisque ses membres, parvenus au sommet de leur carrière et au bout de leur ambition, n'auraient plus rien à perdre par la résistance, ni par la complaisance rien à gagner. En même temps que les plus fortes garanties d'impartialité, ils présenteraient, du fait même de leur recrutement, les garanties les plus fortes de compétence, et il serait malaisé de réunir, les hommes étant les hommes, plus de désintéressement, d'expérience et de lumières.

Mais, au surplus, le mode de recrutement de ce Conseil, c'est encore une question secondaire, et sur laquelle, quant à présent, nous n'insisterons pas, pourvu qu'on s'attache à ceci : qu'il faut arriver à en faire un grand conseil légiférant, *le principal corps légiférant de l'État* ; et par ce motif excellent que, dans l'Etat, il n'y en aurait point de plus apte à remplir une telle fonction. Le Sénat, même comme nous le concevons, y serait évidemment moins apte, et la Chambre des députés, même comme nous la concevons, y serait moins apte : aussi, dans la confection de la loi, où tous les trois collaboreraient, la part de beaucoup la plus importante serait-elle réservée au Conseil d'Etat. Le Conseil d'Etat ne pourrait faire aucune loi sans l'assentiment des Chambres, mais les Chambres non plus ne pourraient faire aucune loi sans le Concours effectif du Conseil d'État ; chacun de ces organes s'appliquerait à sa fonction, qu'il remplirait mieux ; et les Chambres, élues selon notre système, nous donnant déjà une meilleure représentation, le Conseil d'État nous donnerait une législation meilleure.

Dans le Conseil d'Etat légiférant, les professions libérales reprendraient le terrain qu'elles auraient cédé dans la Chambre des députés ; et l'on échapperait ainsi au grief de « décapiter la nation » en ne laissant à ces professions que tout juste le nombre de sièges auxquels leur donne droit la pure proportion arithmétique des électeurs aux représentants. Si, en effet, elles n'étaient représentées que dans la Chambre, et seulement en proportion arithmétique, on pourrait dire que les professions libérales seraient sacrifiées, et, en un certain sens, que la nation serait « décapitée » du même coup. Mais, moins étroitement représentées au Sénat, et surtout, dans le Conseil d'Etat, plus largement représentées, par ce qu'elles peuvent produire de plus élevé, elles retrouveraient là leur influence légitime, à la place où elles peuvent le plus utilement l'exercer.

Loin donc de la « décapiter », — de même qu'en traçant des cadres au suffrage, on referait des os à la nation, — de même, on constituant sur une pareille base ce grand Conseil d'Etat légiférant, on referait une tête à la démocratie. On y introduirait cette dose d'aristocratie sans laquelle une démocratie ne saurait durer, et dont la formation est peut-être pour elle la première des nécessités. Dans le Conseil d'Etat se réfugierait la culture supérieure, en toute démocratie objet d'une méfiance jalouse ; dans le Conseil d'Etat, l'élite serait défendue contre la foule ; la foule serait défendue contre elle-même ; et rien n'empêcherait de laisser davantage à l'action directe ou à l'impulsion de la démocratie, puisqu'on aurait un frein plus sûr aux excès de la démocratie.

La création d'un corps légiférant d'une qualité éprouvée est d'autant plus nécessaire que la loi, comme on l'a remarqué, est ou devrait être, en dernière analyse, dans l'Etat moderne, la suprême puissance ; et par suite, il ne peut être indifférent qu'elle soit bonne ou mauvaise, claire ou obscure, logique ou incohérente, intelligible ou inintelligible, applicable ou inapplicable. Cette seule réforme, l'adjonction aux deux Chambres élues, pour leur travail législatif, d'un grand Conseil d'État, toujours obligatoirement consulté, serait considérable en soi, et parce qu'elle en permettrait ou en faciliterait d'autres.

Une fois ce frein, ou ce régulateur, mis par en haut aux excès de la démocratie, peut-être pourrait-on user, prudemment et mûrement du référendum. On n'exprime ici qu'un « peut-être ». Mais sûrement, et quelque réforme profonde qu'on opère et dans le suffrage universel et dans le partage des attributions législatives, cette réforme gagnerait à être précédée, accompagnée ou suivie de mesures qui la compléteraient, parmi lesquelles la réduction du nombre des députés et de la durée des sessions, la réglementation du droit d'initiative et du droit d'interpellation ; plus encore, — réformes dans les mœurs, sinon dans les lois, — le rappel de quelques commissions des Chambres, et des Chambres elles-mêmes, à leur véritable rôle ; et, plus encore, la reprise par le gouvernement du sens du gouvernement. — Voilà bien des choses à changer et bien des choses à refaire : les « gens pratiques » en reculent épouvantés, et sans doute l'on donnerait raison aux gens pratiques, si l'on ne savait pas que ce sont ceux-là mêmes, qui, depuis vingt-cinq ans, s'obstinent à fonder une démocratie sans organes de démocratie, croyant naïvement que, par un privilège singulier, elle peut vivre et grandir à l'état inorganique.

Nous croyons, nous, qu'elle ne vivra et ne grandira que si elle s'organise ; si elle organise le suffrage universel qui est sa condition, et le régime parlementaire qui est, pour le moment, sa forme d'être. Nous avons essayé de dire comment, selon nous, elle pourrait organiser l'un et l'autre, de façon à réaliser le type de l'Etat moderne, qui devrait être tout ensemble très démocratique, très stable et très progressif. Maintenant, nous concevons sans peine qu'un changement aussi radical dans le suffrage universel que nous avons, et dans le régime parlementaire que nous avons, les remuerait, les retournerait, les réformerait et les transformerait de fond en comble. Ni le corps électoral, ni les corps élus, ni le suffrage universel, ni le régime parlementaire ne resteraient tels que nous les connaissons. Mais tels que nous les connaissons, on peut bien convenir aussi qu'il n'y a pas à se faire scrupule d'y toucher. Puisqu'on juge l'arbre à ses fruits, l'arbre est jugé et condamné. Et, lorsque, après un temps plus ou moins long, de pas en pas et d'effort en effort, l'État moderne sera organisé, ce que l'on ne comprendra pas, c'est que de grands peuples aient pu tolérer si patiemment l'expérience, qui ne pouvait aboutir qu'au règne de la médiocrité et de la sottise, d'une politique d'occasion, menée par des politiciens d'aventure.

Certes, ce n'aura pas été la première fois que la médiocrité et la sottise se seront installées et étalées au faîte des honneurs humains, ni qu'on aura pu remarquer par « combien peu d'esprit le monde est gouverné. » Aucun régime ne peut faire qu'un pays ne verse jamais en ce malheur public. Mais qu'un régime en vienne, par le jeu naturel de ses institutions, à amener au pouvoir, souvent et presque normalement, ce qu'il y a de moins qualifié, de moins désigné pour le pouvoir, il faut dire que c'est une injure au bon sens, que ces institutions sont mauvaises, que ce régime est mauvais, et que, — quelle que soit la place de l'absurde en ce monde, — en vérité, cela est trop absurde. Il faut dire que c'est le gouvernement à l'envers, et que d'y opérer un changement profond qui le remue et le retourne, ce ne sera que le remettre sur ses pieds.

Il faut dire, il faut faire entendre qu'à supporter un régime pareil, à s'y complaire, à s'y accoutumer et à ne rien tenter pour en sortir, une nation pourrait périr, fût-elle, par ses chutes et ses relèvements, comme un miracle de l'histoire. Il faut dire, il faut faire entendre que, si l'Etat moderne doit être « construit par en bas », tout de même c'est une gageure qu'on perdrait, et où l'on se perdrait, de s'en remettre sans précautions, sans réserves, sans recours, au Nombre incapable, ignorant et inconscient, à la rue et à la cohue. Or la démocratie inorganique est tout cela ; et elle sera tout cela, tant qu'en organisant le suffrage universel, en réformant le régime parlementaire, en assurant d'une part une -représentation, et d'autre part une législation meilleures, en refaisant des os et une tête à cette nation que les révolutions ont disloquée, on ne l'aura pas élevée à l'étal, où elle pourra vivre et faire vivre, de démocratie organisée.

ISBN : 978-1534870291

www.ingramcontent.com/pod-product-compliance
Lightning Source LLC
Chambersburg PA
CBHW062001280526
45787CB00005B/1962
9781534870291